Clase de Dibujo

Animales

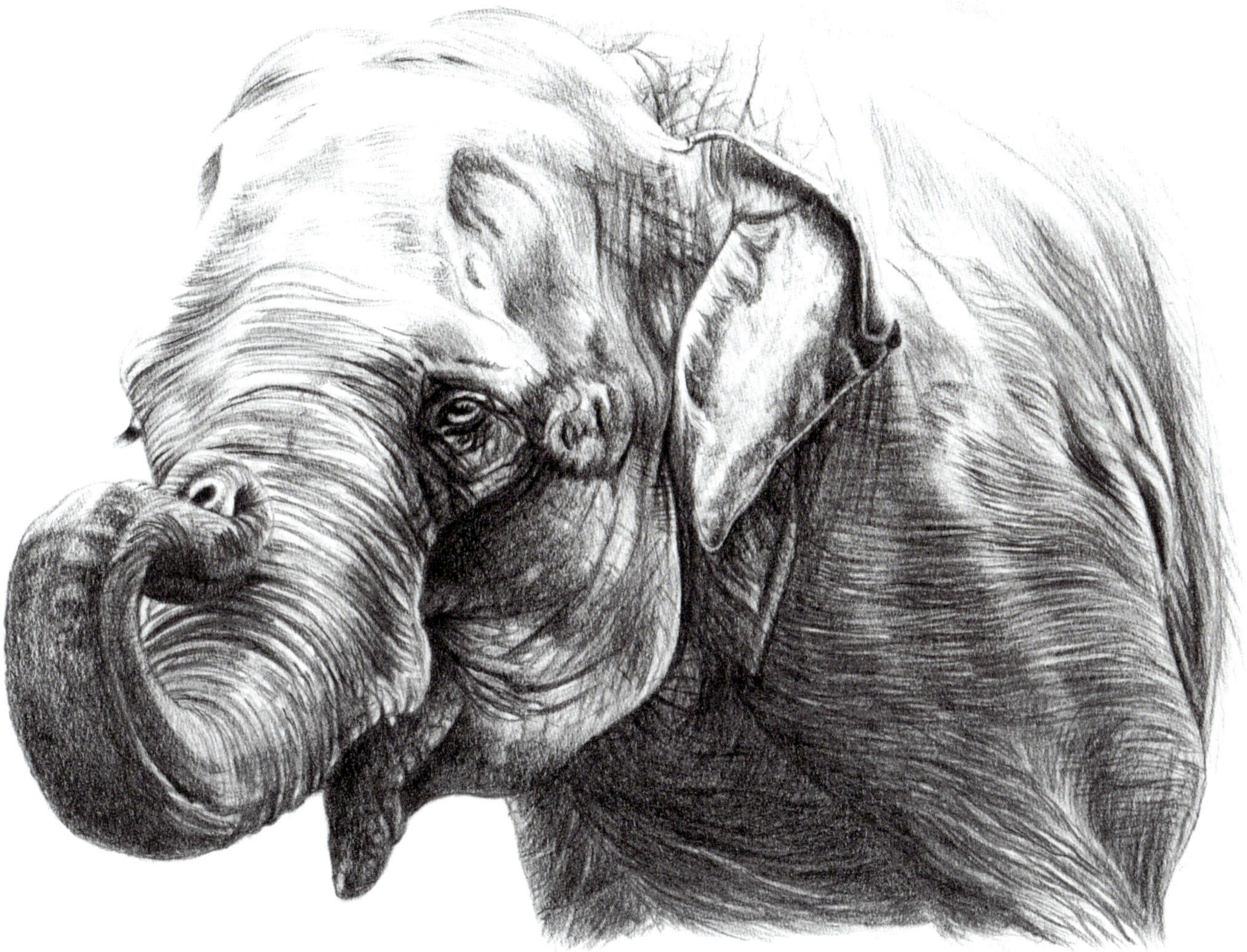

Dedicatoria

A mi fascinante marido y a
mis cuatro encantadoras hijas:
sabéis quienes sois...

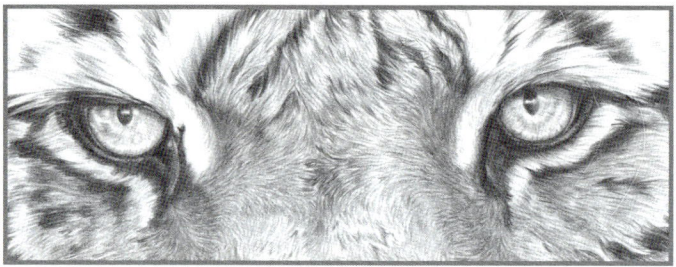

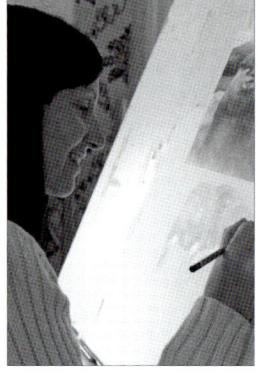

Lucy Swinburne se formó como diseñadora gráfica en 1988 y fue finalista en el primer concurso que lanzó el periódico *Daily Mail*, llamado «Not the Turner Prize», en 2003. Desde entonces ha expuesto en las prestigiosas galerías londinenses Mall Galleries. Asimismo redacta artículos para la revista *Leisure Painter*.

La autora organiza talleres para artistas en los que guía a los estudiantes en las técnicas de pintura con pastel. Los talleres se centran en el dibujo de animales (ya sea en su hábitat salvaje o doméstico) y, recientemente, también en retratos humanos. Al mismo tiempo, la artista ofrece clases privadas y demostraciones para grupos en Hertfordshire.

En su tiempo libre le gusta participar en concursos caninos con sus propias mascotas.

Clase de Dibujo
Animales

Lucy Swinburne

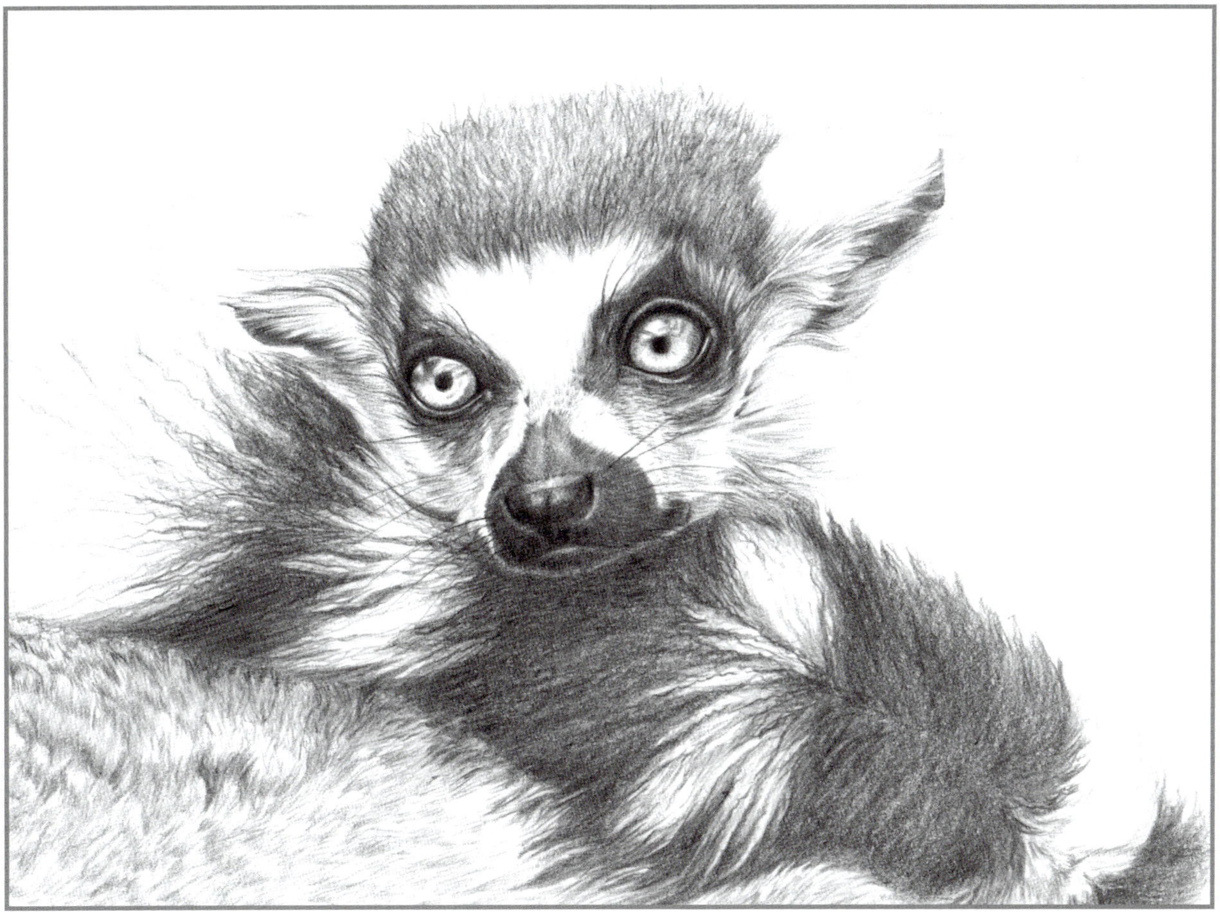

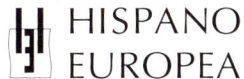

HISPANO
EUROPEA

Título de la edición original:
Animals

Publicado por primera vez en lengua inglesa por:
Search Press Limited
Wellwood, North Farm Road,
Tunbridge Wells, Kent TN2 3DR

© del texto e ilustraciones: Lucy Swinburne

© Fotografías: Search Press Limited

© de la edición en castellano, 2017:
Editorial Hispano Europea, S. A.
Passeig del Ferrocarril, 335, 2º2ª
08860 Castelldefels (Barcelona), España
E-mail: hispanoeuropea@hispanoeuropea.com

© de la traducción: Esther Gil

Depósito Legal: B. 3661-2017

ISBN: 978-84-255-2113-3

Consulte nuestra web:

www.hispanoeuropea.com

Impreso en España
ARLEQUIN & PIERROT, S.L.
Can Pobla 16, nave 2 (Pol. Ind. Can Roqueta)
08202 Sabadell (Barcelona)

Agradecimientos

Me gustaría aprovechar esta oportunidad para agradecerle a toda mi familia el tremendo apoyo que me han dado mientras escribía e ilustraba esta obra.

Tengo que darle muchas gracias a Lynn Whitnall, directora del parque natural Paradise Wildlife Park, y mostrarle lo agradecida que le estoy por haberme ayudado a acercarme a los animales. Este agradecimiento se extiende a todo el personal del parque, que siempre me ha acogido tan bien (sobre todo a Pia, Josh y Bill), y a todos cuantos me han ayudado a hacer las impresionantes fotografías de la vida salvaje que he podido utilizar como referencia en este libro.

Debo expresarles también mi agradecimiento a las siguientes personas por permitirme utilizar sus fotografías cuando mis esfuerzos cayeron en saco roto.

A Sue Wallace, por las fotografías que utilicé en *Un retrato de Tatra* (*véase* la página 28), Mirada de tigre (*véase* la página 2) y El suricata (*véase* la página 34).

A Brian, por la fotografía que empleé en La pogona (*véase* la página 92), cortesía de www.beardeddragon.org.

Por último, un gran agradecimiento a todos aquellos cuyas preciosas mascotas han sido ilustradas en esta obra.

Portada
Un retrato de Tatra
40 x 30,5 cm (16 x 12")

Lápiz de grafito sobre cartulina blanca lisa.

Página 1
El saludo
42 x 30 cm (16 ½ x 11 ¾")

Lápiz de grafito sobre cartulina blanca lisa.

Página 2
Mirada de tigre
21 x 11 cm (8 ¼ x 4 ½")

Lápiz de grafito sobre cartulina blanca lisa.

Página 3
Dibujo acabado
30 x 21 cm (11 ¾ x 8 ¼")

Lápiz de grafito sobre cartulina blanca lisa.

Página siguiente
Lobo solitario
72 x 52 cm (28 ¼ x 20 ½")

Lápices de pastel sobre cartulina gris lisa.

Índice

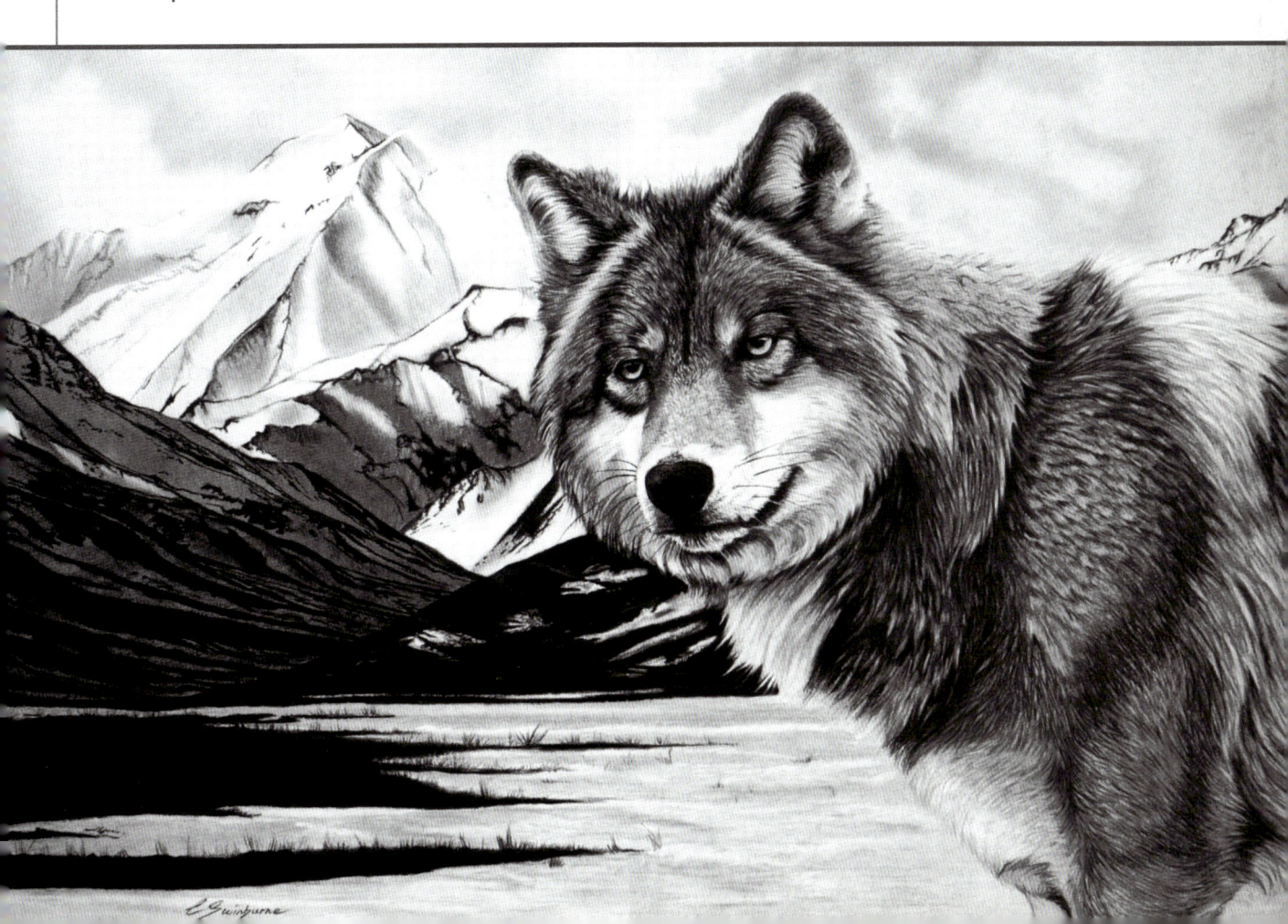

Introducción

A lo largo de todos los años que llevo impartiendo clases hay una pregunta que me he planteado una y otra vez: «¿Se puede enseñar a dibujar?». Soy una firme defensora del viejo proverbio que sostiene que puedes conseguir lo que quieras si lo deseas con fuerza, y creo que también es aplicable al dibujo. Si tienes pasión y voluntad de dibujar, entonces todo será posible. Sin duda, también ayuda tener una capacidad innata para juzgar la perspectiva y ver las proporciones, pero si no es así, también puede aprenderse con el tiempo y con el sistema de ensayo y error. Cuando veas que has dibujado algo de lo que te sientes satisfecho, comprobarás cómo compensa todo el tiempo y el esfuerzo dedicados.

En esta obra me he propuesto acercarte al tema de los animales de una manera lo más directa posible, para que realices unos retratos de los que te sientas orgulloso. Aprenderás a elegir el material, a organizar la zona de trabajo, a observar el tema, componerlo y dibujarlo, es decir, todo lo necesario de principio a fin. Hay muchas consideraciones que debemos hacer antes de tomar un lápiz y un papel y, puesto que éstas son solo las primeras palabras de este libro, considero que no hace falta abrumarte ya en la primera página.

En mi opinión, el elemento más importante para hacer un buen dibujo es el material de referencia. En mi caso, se trata de una fotografía. Puesto que no soy una fotógrafa profesional, he tenido que aprender sobre el tema y lo único que puedo decir es que menos mal que existen las cámaras digitales. Así puedo ver de inmediato si he tomado unas imágenes decentes a partir de las que trabajar. También he aprendido a hacer fotos de planos muy cercanos de los ojos y el morro. Eso me ayuda más tarde cuando trabajo esos detalles. A menudo vuelvo a casa ya con ganas de empezar a dibujar y me doy cuenta de que la fotografía que he tomado del animal no muestra la cola o que tendría que haber hecho la foto desde un ángulo diferente. No necesitas contar con una cámara muy cara y profesional, pero si te quieres centrar en dibujar animales, una lente con un *zoom* decente te ayudará. Con la fotografía animal, paciencia es la palabra clave. Mirar y mirar no solo mejorará tus dotes de observación, sino que te permitirá captar una imagen especial.

Como dibujante principiante o aficionado, la parte más difícil será dibujar. Si no tienes talento para dibujar a mano alzada (no mucha gente lo posee, incluso cuando hablamos de artistas profesionales), no temas, ya que aprenderás todo sobre los métodos que tienes a tu disposición para transferir la imagen al papel. También aprenderás a crear distintas texturas y a completar el dibujo siguiendo los ejemplos paso a paso que proporcionamos.

Como profesora no hay nada más gratificante que transmitir mi conocimiento y ver cómo el entusiasmo y la comprensión llenan a mis alumnos. Descubrir que podía enriquecer la vida de otras personas sencillamente trasladándoles mi amor por el dibujo ha sido fantástico.

Con esa idea te dejo con mi libro, que espero que lo leas y releas a tu propio ritmo y que te inspire además de enseñar.

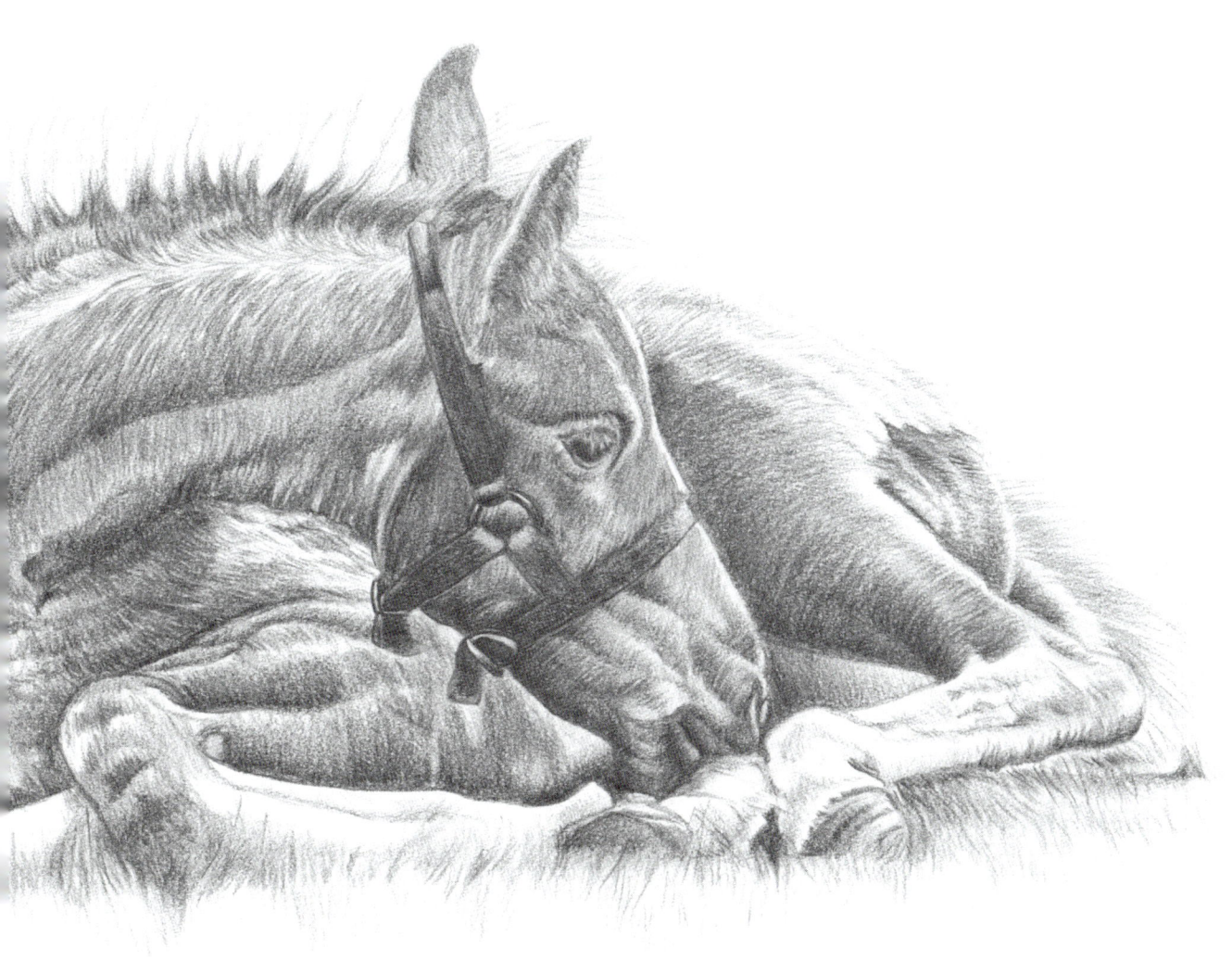

Un angelito

30 x 21 cm (11 ¾ x 8 ½")

Lápiz de grafito sobre cartulina blanca lisa.

Este potrillo de larguiruchas patas vive cerca de mi casa. Todavía tiene que mudar el pelo, un aspecto que también quise captar en el dibujo.

La historia del dibujo de animales

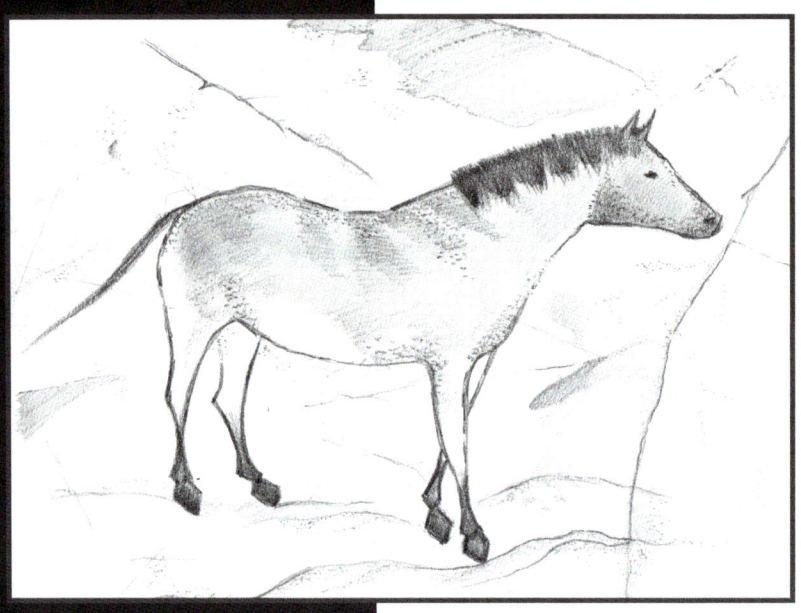

Caballo retratado al estilo de las pinturas de las cuevas prehistóricas
29 x 21 cm (11 x 8 ¼")

Lápiz de grafito sobre cartulina blanca lisa.

No se sabe con certeza cuándo se empezaron a dibujar animales ni quién fue la primera persona en trazar su marca. En el Paleolítico surgió el desarrollo de herramientas a partir de piedra, y los dibujos en las cuevas de dicha época se basan en el dibujo animal. Los ejemplos más antiguos datan del 33000 a. C. y es probable que los animales de los dibujos de esas cuevas se pintasen a modo de un ritual relacionado con la caza. Hay quien sugiere que se pintaban como parte de ceremonias religiosas o a modo de calendario. Una teoría es que el hombre primitivo los pintaba como recuerdo de las bestias que había cazado, puesto que una vez comidas no quedaría evidencia alguna. El dibujo sería una forma de dejar huella de los logros de cada cazador. Además, esos dibujos eran públicos y los podían ver los demás.

Los dibujos en las cuevas estaban «flotando», ya que no dibujaban la tierra ni la línea del horizonte; además, carecían de profundidad o de detalle. Este hecho demuestra que los artistas tenían una relación muy cercana con los animales que dibujaban. Muchos ejemplos antiguos de dibujos en cuevas se han encontrado en toda Europa y en particular en Francia. Los dibujos más antiguos son de felinos y rinocerontes, en la cueva de Chauvet-Pont-d'Arc, en la región de Ardèche. El descubrimiento de la piedra tallada y los huesos afilados hace que sea muy probable que quienes dibujaron las imágenes fuesen los propios cazadores. Los pigmentos que utilizaban para crear los colores eran muy primitivos (madera quemada o tiza mezclada con tierra, por ejemplo), pero muy efectivos.

Los animales han aparecido en el arte de numerosas culturas a través de la historia. Los antiguos egipcios retrataban a muchos de sus dioses con cabezas de animales, y el arte tribal de todo el mundo incluye imágenes que combinan rasgos animales y humanos. Durante la Edad Media, los artistas europeos embellecían sus manuscritos con impresionantes animales míticos y durante el siglo XIV los caballos se solían retratar con exageradas características masculinas, incluyendo unos muslos musculados, unos cuerpos muy robustos y unas colas cortas.

Leonardo da Vinci (1452-1519), gran genio italiano del Renacimiento, fue uno de los primeros artistas en crear estudios de animales y en producir dibujos preliminares. Nos ha dejado muchos ejemplos tanto de estudios de cabezas de caballos como de gatos y perros en movimiento.

Alberto Durero (1471-1528), contemporáneo de Da Vinci, fue uno de los primeros artistas modernos en ver a los animales como un tema central de sus dibujos. Ocurrió durante una época en la que muchos exploradores volvían de exóticas tierras con nuevas plantas y animales, y el interés por el mundo natural revivió. Durero utilizó pluma y tinta para crear estudios muy detallados y minuciosos.

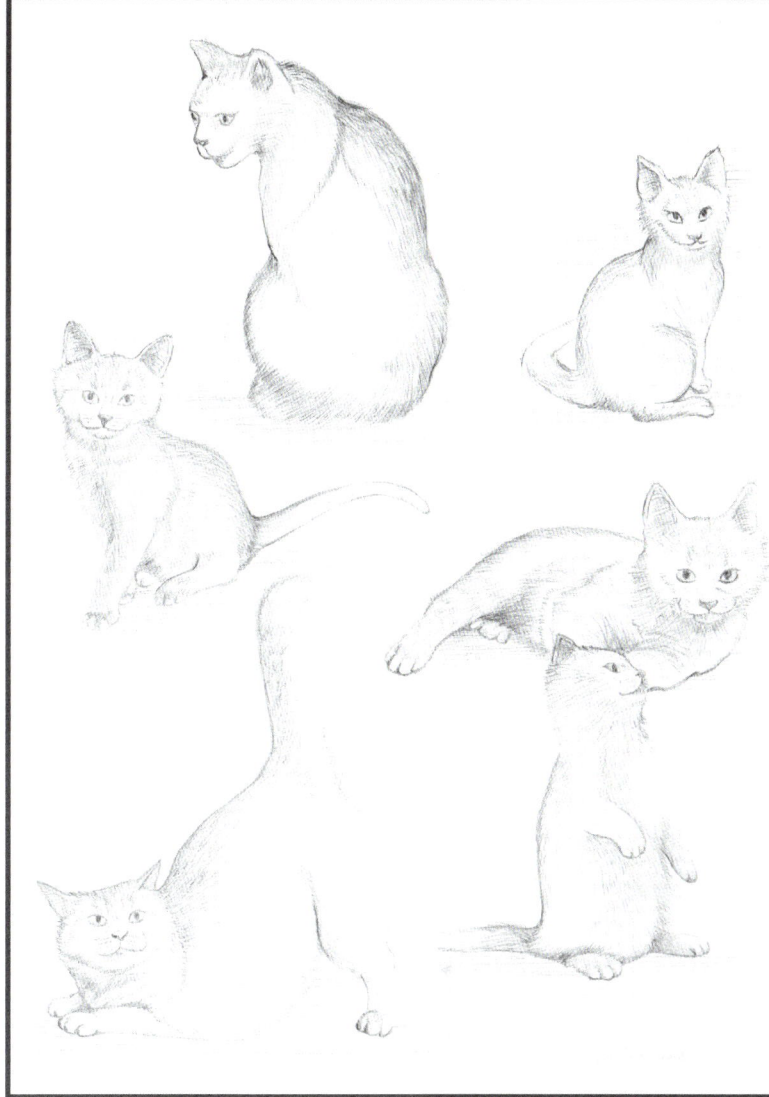

Un ejemplo, titulado Un *rinoceronte* (1515), fue creado a partir de un boceto suministrado por un artista desconocido. Puesto que Durero no había visto nunca al animal, cometió errores anatómicos. En contraste, también pintó con acuarela y *gouache* una liebre en 1502. El resultado es tremendamente realista, sobre todo si consideramos que seguramente lo dibujó a partir de un animal disecado.

Tras la muerte de Durero continuó en Núremberg lo que se llamó «el renacimiento de Durero». Un artista llamado Hans Hoffman (1530-1591/1592) se hizo muy famoso por sus retratos y sus estudios de plantas y animales basándose en las obras de Durero. Cabe decir que consiguió un sentido de realismo incluso superior al del maestro.

A medida que fue pasando el tiempo, el interés por el arte animal continuó creciendo y surgió otro gran pintor. George

Stubbs (1724-1806) fue quizá el mayor pintor ecuestre de todos los tiempos, pese a que nunca fue un artista realmente apreciado en vida. Sus dibujos de caballos y potros incluían minuciosos detalles gracias a su conocimiento anatómico. Por desgracia, en aquella época los dibujos ecuestres y deportivos eran desdeñados por la crítica, y sus obras no recibieron el reconocimiento que merecían hasta el siglo xx. Su inusual técnica implicaba dibujar primero a los caballos y al final añadir el fondo. Stubbs consideraba el fondo lo menos importante en una obra y produjo un famoso dibujo de caballos sin fondo, *Yeguas y potros sin fondo*, en 1762. Muchos consideran que se trata de su mejor trabajo. Después de Stubbs muchos artistas victorianos empezaron a realizar retratos íntimos de sus mascotas y ganadería.

A finales del siglo xix y principios del xx, un artista expresionista llamado Franz Marc llevó el arte animal un poco más lejos dibujando animales abstractos. Un cuadro al óleo en particular, llamado *Tigre* (1912), mostraba a un tigre y el fondo compuestos por formas geométricas. El tigre sobresale del fondo, ya que está dibujado en un amarillo chillón y formas negras para trasladar las marcas de su piel.

Cecil Aldin fue otro artista que trabajó durante esa época. Empezó su carrera como ilustrador de revistas y periódicos en 1890. Aldin era buen deportista y muchos de sus dibujos trataban sobre la caza. Una de sus obras más famosas es *Perros de caza*. También produjo un libro de dibujos en pastel que incluía unos esbozos de sus propios perros en el sofá.

Pablo Picasso también ha influido en el arte del dibujo de animales. Durante el mes de diciembre de 1945 produjo once litografías diferentes llamadas *Toro*. Empezó con el dibujo de un toro con gran detalle y después fragmentó el dibujo paso a paso. Primero en una criatura mítica; después mostrando la anatomía con gran definición; simplificando la estructura; creando dibujos lineales y casi recreando por completo su dibujo inicial. El dibujo acabado consiguió un estilo muy típico de Picasso, con un toro estilizado y mostrado en arte abstracto.

Desde luego, los artistas han pintado a los animales en numerosos estilos distintos a lo largo del siglo xx. El arte animal tiene en la actualidad gran valor y seguidores. Para mí se trata de mi tema favorito.

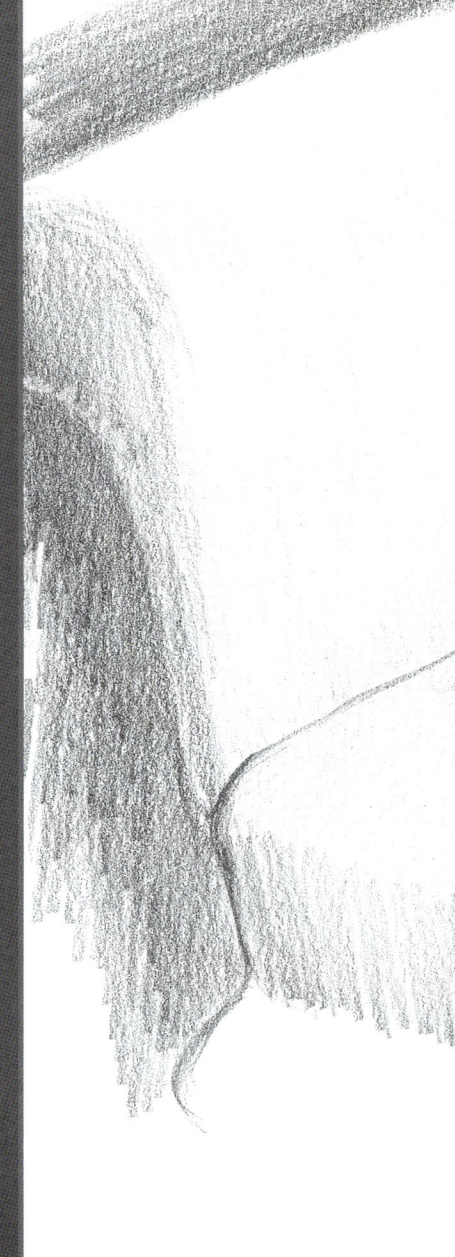

Jack Russell, dibujado al estilo de Cecil Aldin
30 x 21 cm (11 ¾ x 8 ¼")

Lápiz de grafito sobre cartulina blanca lisa.

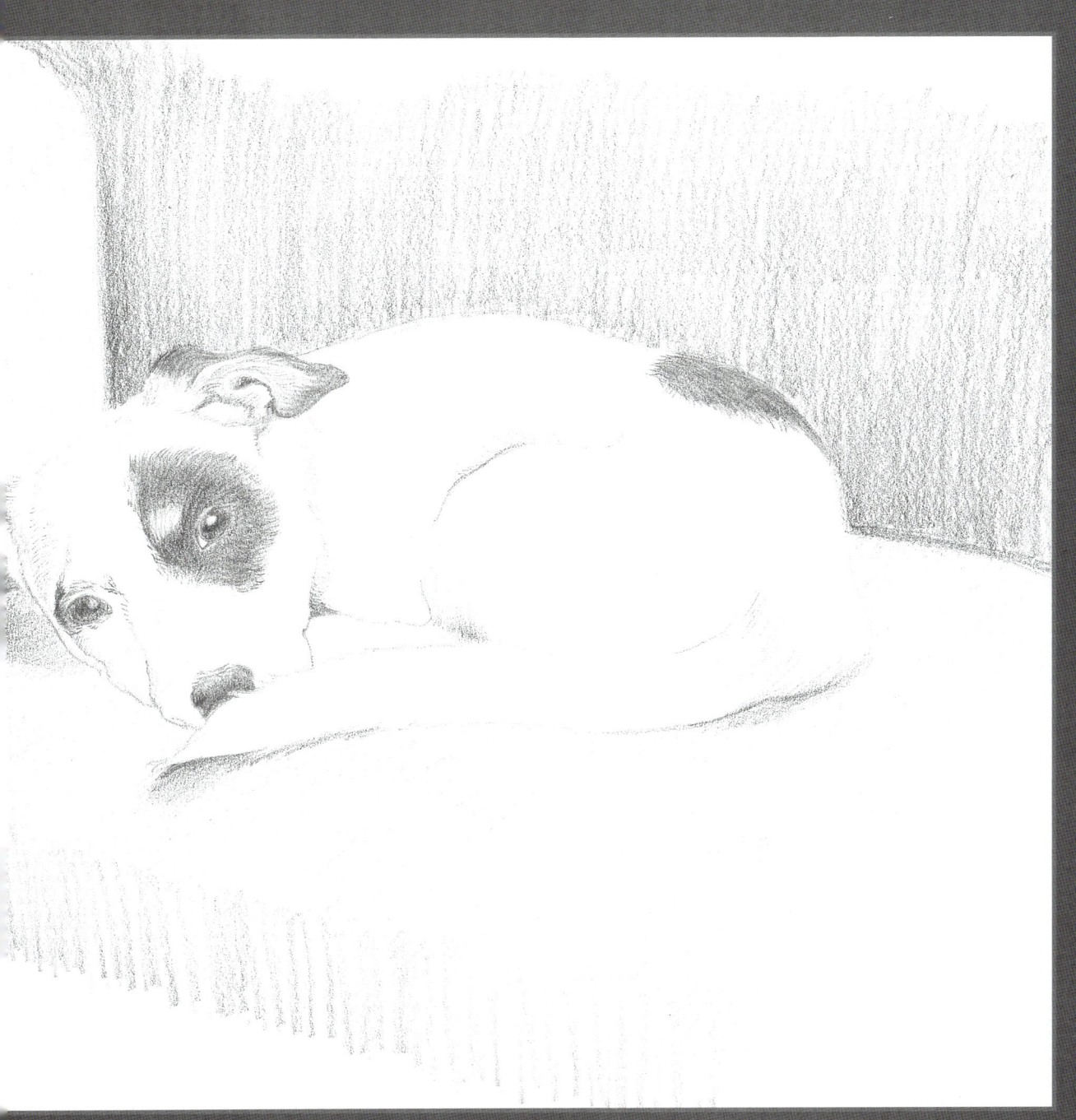

Material

En este capítulo, explicaré los distintos útiles que tenemos a nuestra disposición para dibujar y lograr distintas obras. Después también ilustraré las diferentes superficies sobre las que dibujar y, por último, ya estarás listo para empezar a componer tu propio dibujo.

LÁPICES DE GRAFITO

Todos hemos utilizado lápices de grafito y seguramente es lo primero en lo que pensamos al intentar dibujar. Hay muchos tipos distintos, incluyendo los lápices técnicos (duros), los lápices de esbozos (medios) y los lápices de gran cantidad de grafito (blandos). A todos se les saca punta con facilidad y se pueden borrar bien si se comete un error, siempre y cuando se ejerza una presión limitada sobre el papel o la cartulina. Los lápices de grafito se pueden romper si caen sobre una superficie dura, así que hay que tener cuidado cuando se extraen fuera del estuche.

Todos los lápices tienen gradación. Los que tienen una H son más duros y normalmente van de H hasta 4H. Cuanto más alto es el número, más duro es el grafito. El abanico más blando de lápices está marcado con una B y suelen ir de HB hasta 9B. Cuanto más alto es el número, más blando es el grafito.

Los lápices técnicos o lápices de bocetos son ligeros y tienen una cubierta de madera; van desde HB hasta 6B. Las barras de grafito más pesadas vienen en una mayor gama, desde HB hasta 9B. Hay que tener en cuenta que estas últimas se desgastan antes, y son muy blandas y granulosas. Si quieres trazar líneas limpias o bordes, los lápices de madera serán los más indicados para esa tarea.

Al utilizar un lápiz de grafito o una barra existe la tentación de utilizar solo una gradación (un 2B, por ejemplo) para realizar todo el dibujo. Es evidente que se puede hacer con un único lápiz, alterando la presión que se ejerce para crear los tonos más oscuros a medida que se progresa, pero en un enfoque más profesional es preferible utilizar distintos grados para los tonos más claros y los más oscuros. Se empieza con un lápiz más ligero, como un 2H, para establecer la base de los distintos tonos que seguirán después. Posteriormente se emplea un lápiz 2B o 4B para irlo oscureciendo. Estos dos grados pueden ser suficientes por sí solos (dependiendo de lo oscuro que necesites que quede el dibujo), pero también está la opción de utilizar un 6B para las zonas más tenebrosas.

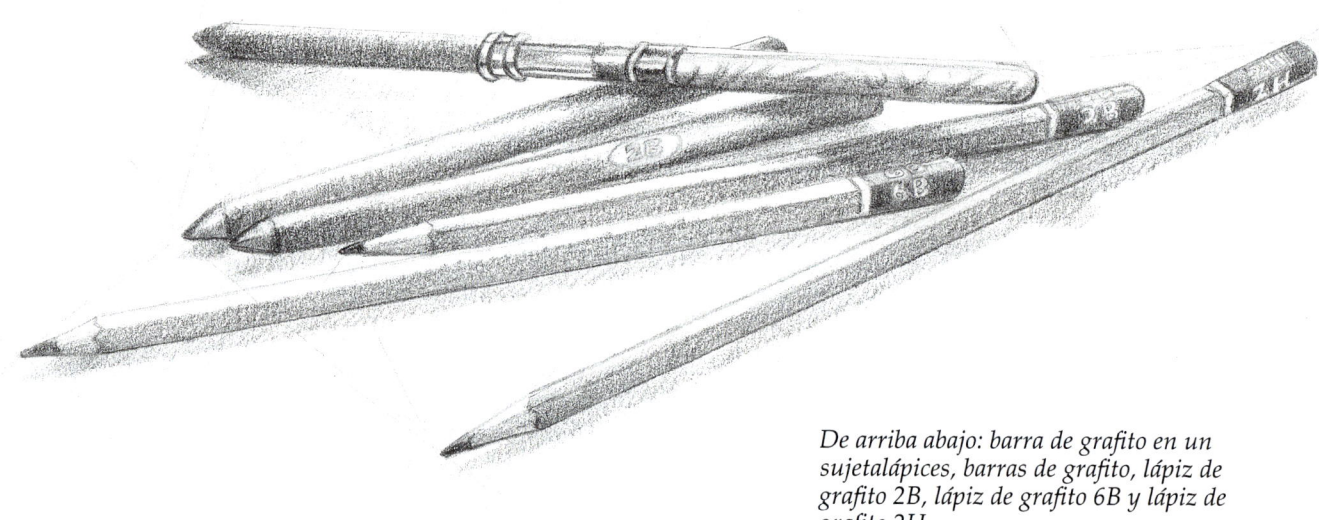

De arriba abajo: barra de grafito en un sujetalápices, barras de grafito, lápiz de grafito 2B, lápiz de grafito 6B y lápiz de grafito 2H.

Técnicas con lápiz de grafito

En esta página hay algunas formas sencillas que demuestran el sombreado y las diferentes texturas que permiten los lápices de grafito. Dibujar con ellos puede aportarnos muchas ventajas, pero sin duda se necesitará mucha práctica para ir adquiriendo un estilo propio.

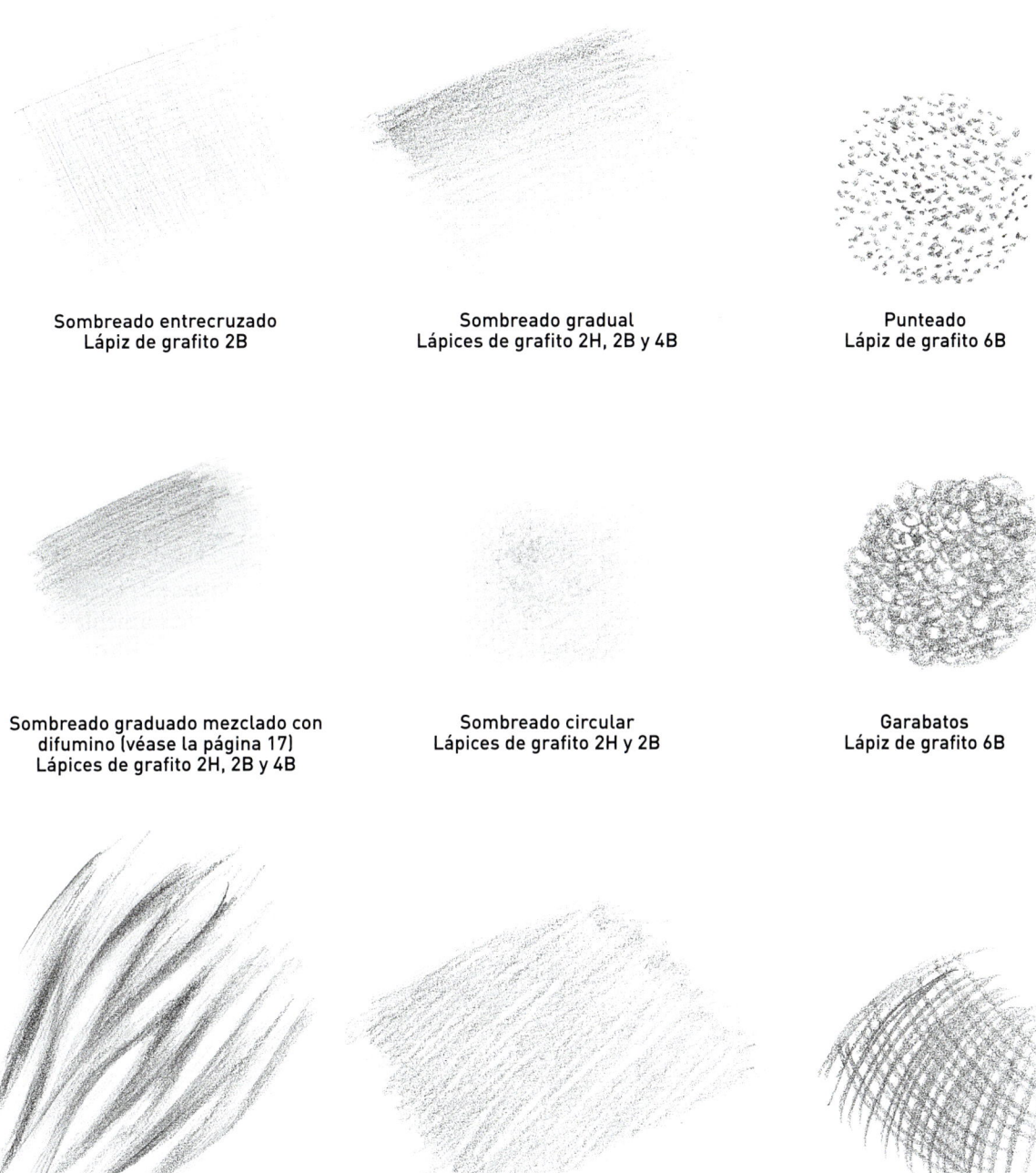

Sombreado entrecruzado
Lápiz de grafito 2B

Sombreado gradual
Lápices de grafito 2H, 2B y 4B

Punteado
Lápiz de grafito 6B

Sombreado graduado mezclado con difumino (véase la página 17)
Lápices de grafito 2H, 2B y 4B

Sombreado circular
Lápices de grafito 2H y 2B

Garabatos
Lápiz de grafito 6B

Sombreado negativo
Lápices de grafito 2H, 2B y 4B

Goma utilizada sobre el sombreado hecho con lápices de grafito 2H, 2B y 4B
El sombreado fue difuminado con el dedo antes de utilizar la goma

Sombreado entrecruzado curvado
Lápiz de grafito 6B

LÁPICES DE PASTEL, DE CARBONO Y CARBONCILLO

Estos lápices producen dibujos con un estilo desenfadado y con menor detalle que los de grafito. Esta característica resulta perfecta si se quiere trabajar a gran escala. Al trabajar con cualquiera de estos medios, hay que tener cuidado al ir avanzando en el dibujo, pues habrá que utilizar un papel para descansar la mano y evitar que se hagan borrones.

Lápices de pastel

Los lápices de pastel son extremadamente versátiles y las distintas marcas y formas en que se venden ofrecen tonos y aplicaciones también distintas. La mayoría de los lápices de pastel encajan en un sacapuntas normal y corriente, pero algunos son demasiado anchos, por lo que hay que darles la forma apuntada con un cuchillo o con lija. No recomiendo los sacapuntas con motor para los lápices de pastel, ya que son demasiado abrasivos.

La principal diferencia entre los lápices de pastel y los de carbono o carboncillo es que es mucho más fácil hacer los detalles con los pasteles, sobre todo en las zonas pequeñas.

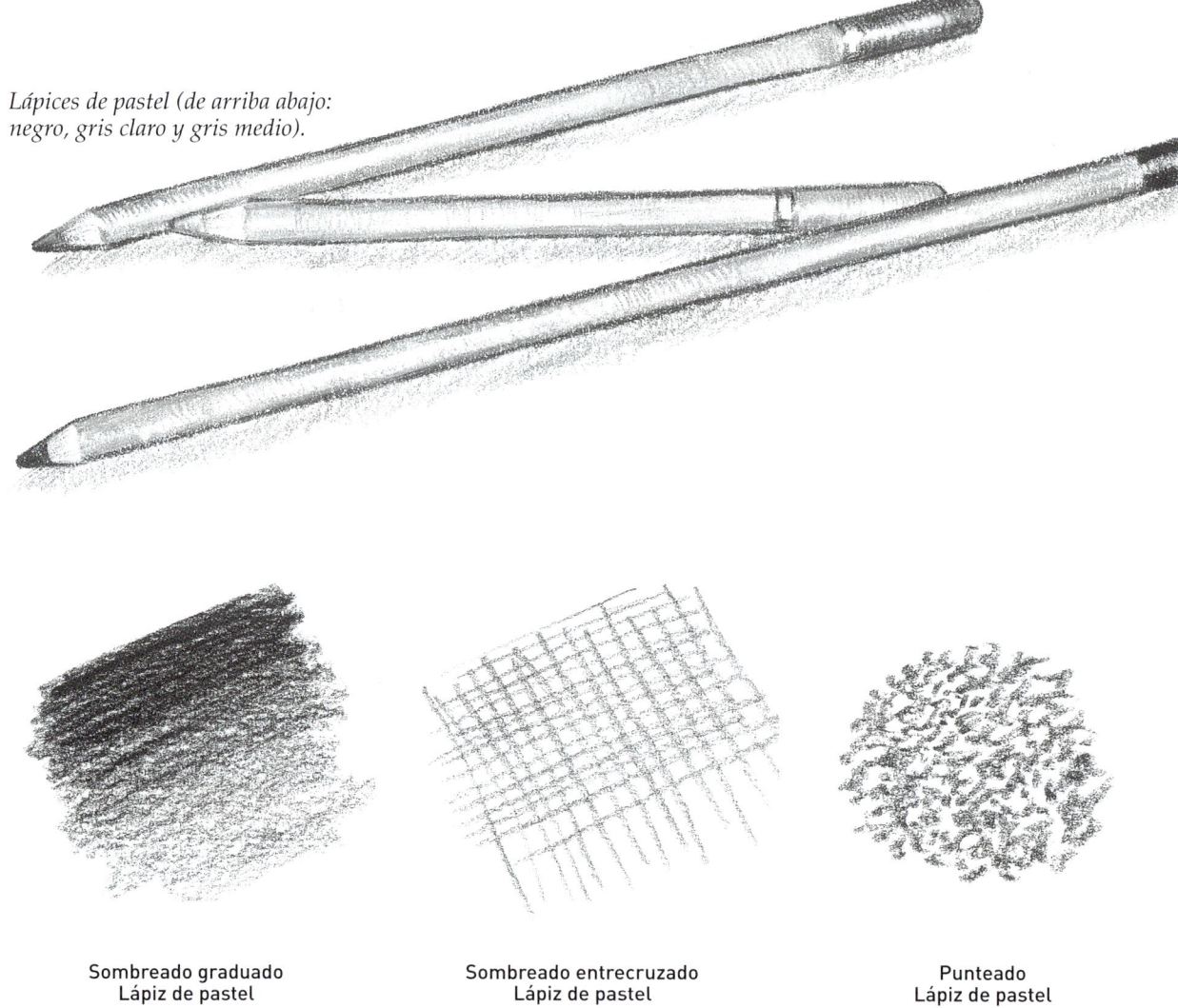

Lápices de pastel (de arriba abajo: negro, gris claro y gris medio).

Sombreado graduado
Lápiz de pastel

Sombreado entrecruzado
Lápiz de pastel

Punteado
Lápiz de pastel

Lápices de carbono y carboncillo

Si se quieren hacer esbozos rápidos al natural o bocetos preliminares de un dibujo, los lápices o barras de carbono o carboncillo son un medio excelente. Producen buenos bocetos de animales y también son idóneos para sombrear amplias zonas del fondo.

Si intentas utilizar una goma eléctrica con estos medios, ten cuidado porque los residuos de goma se extenderán y se pegarán en otras zonas del dibujo que no serán siempre donde queramos. Cuando sea posible, la mejor manera de quitar esas partículas indeseadas es soplar fuerte con la boca. Si se resisten, se pueden apartar con cuidado con un pincel suave.

Truco

Los lápices de carbono pueden provocar muchos borrones, así que lo mejor es trabajar con ellos en un ángulo agudo, para que cualquier partícula que se desprenda no caiga en la zona del dibujo.

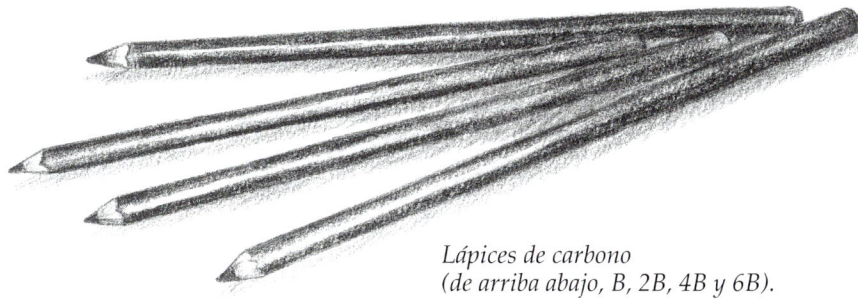

*Lápices de carbono
(de arriba abajo, B, 2B, 4B y 6B).*

Sombreado gradual
Lápiz de carbono 2B

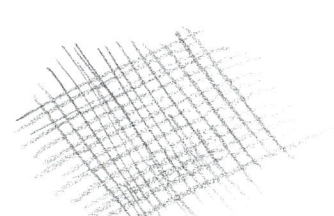

Sombreado entrecruzado
Lápiz de carbono 2B

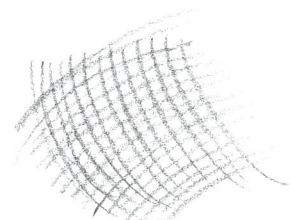

Sombreado entrecruzado curvado
Lápiz de carbono 2B

*Lápices de carboncillo
(de arriba abajo: 8B, 4B y HB)
y barras de carboncillo.*

Sombreado gradual
Barra de carboncillo

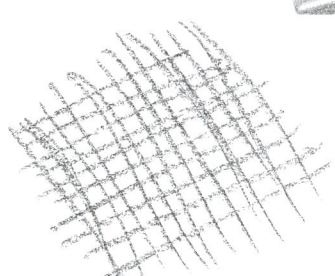

Sombreado entrecruzado
Barra de carboncillo

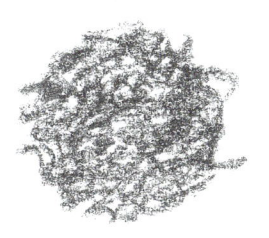

Garabatos
Barra de carboncillo

BOLÍGRAFOS Y PLUMAS

Las plumas y los bolígrafos se han utilizado tradicionalmente en combinación con las acuarelas en el dibujo de animales. Las acuarelas se empleaban para rellenar el fondo detrás del dibujo trazado con pluma. Al realizar dibujos arquitectónicos, los bolígrafos o rotuladores técnicos son los mejores. Sin embargo, al plasmar cualquier tema con ellos hay que estar muy seguro de los trazados.

Antes de empezar hay que comprender que la imagen completa contendrá todas las líneas, así como cualquier error que hayamos cometido. Esta característica puede aportarle interés y movimiento al dibujo. Por ejemplo, los dibujos al natural pueden quedar espectaculares si se hacen con un bolígrafo.

Las plumas son perfectas para cualquier tipo de estudio o dibujo que incluya animales, paisajes y estructuras. Si vas a utilizar una pluma, asegúrate de experimentar antes con distintos tipos de papel o cartulina, lisa o con superficie rugosa.

Al dibujar, deberás utilizar un trozo de papel en el que apoyar la mano. Tanto con las plumas como con los rotuladores la tinta a veces tarda un poco en secarse, así que es fácil que se hagan borrones imprevistos con cualquier movimiento. ¡Después es muy difícil eliminarlos!

Una selección de rotuladores técnicos recargables. Estos rotuladores puntafina van desde 0,35 mm hasta 0,7 mm. También hay dos bolígrafos.

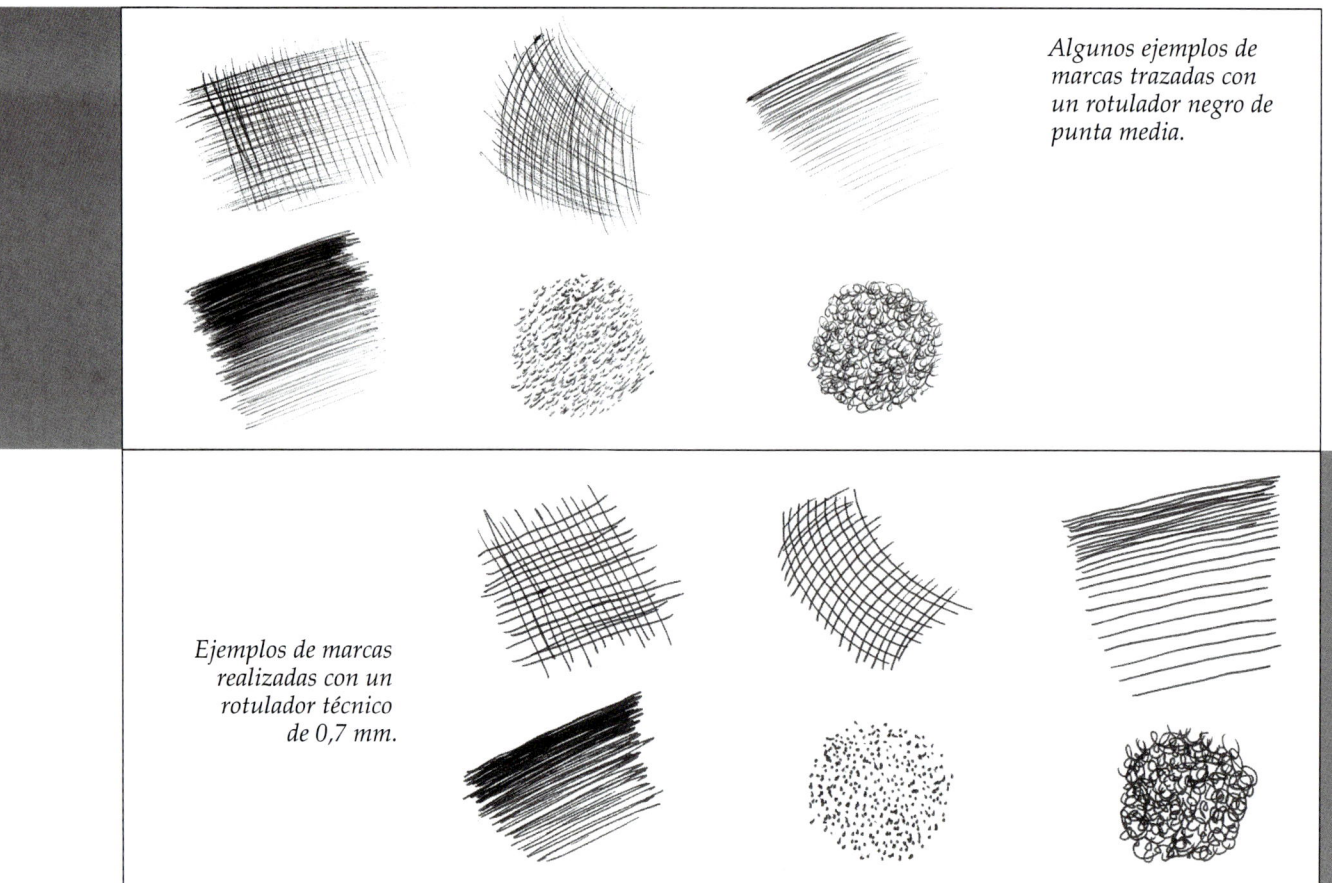

Algunos ejemplos de marcas trazadas con un rotulador negro de punta media.

Ejemplos de marcas realizadas con un rotulador técnico de 0,7 mm.

OTROS MATERIALES

Hay otros muchos materiales a nuestra disposición. Algunos casi de uso obligatorio y otros más raros. El ensayo y el error te ayudarán a saber si los necesitas o no.

La **cinta de baja adherencia** es un elemento obligatorio para fijar la cartulina a la superficie de trabajo, ya sea un escritorio o un tablero. Yo los compro en las ferreterías y funcionan bien, así que no siempre hay que ir a las tiendas de arte especializadas, que son más caras. Otro elemento indispensable es una **goma de borrar moldeable**. Significa que se le puede dar forma para eliminar pequeñas zonas de lápiz o hacer una pelota grande para borrar áreas mayores. Además, se limpia sola. Cuando está sucia basta con doblar los bordes exteriores hacia el centro y ya tenemos una goma como nueva.

Puedes utilizar un **afilalápices**, un **sacapuntas eléctrico o un sacapuntas manual**. Se trata de una cuestión de elección personal. Ahora bien, hay que tener en cuenta que los sacapuntas eléctricos pueden ser demasiado abrasivos para los lápices de pastel o carbono, que se rompen con facilidad. Sea cual sea tu elección, te sugiero que utilices un botecito pequeño con tapa para guardar los residuos, así no tendrás que ir dando viajes hasta la papelera cuando ya estés trabajando a gusto.

Los **difuminos** son algo que hay que probar antes para ver si se adecúan a tu técnica. Una **cuadrícula de acetato** no es algo con lo que todo el mundo se siente cómodo, pero más adelante en este libro describiré con detalle cómo utilizar el método de la cuadrícula para transferir imágenes, así que es posible que lo quieras probar. También necesitarás una **regla**.

Por último, te recomiendo un **pincel suave** como, por ejemplo, las brochas de maquillaje, para sacudir bien los residuos de goma o los restos de lápiz que hayan podido quedar en el dibujo.

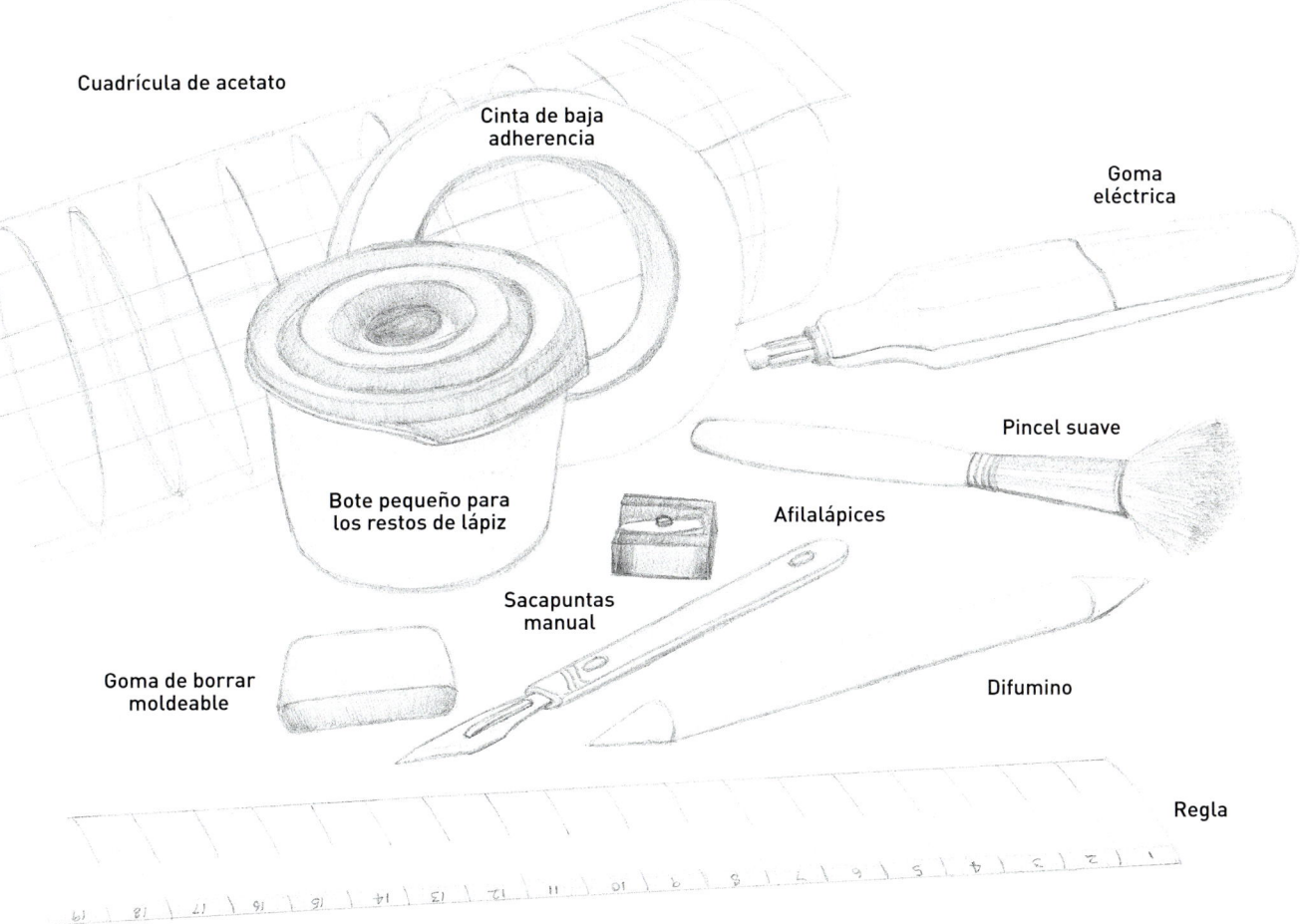

Cuadrícula de acetato

Cinta de baja adherencia

Goma eléctrica

Bote pequeño para los restos de lápiz

Pincel suave

Afilalápices

Sacapuntas manual

Goma de borrar moldeable

Difumino

Regla

SUPERFICIES

El cielo es el límite cuando se trata de superficies que le aportan vida al dibujo. Hay que experimentar teniendo en cuenta que no hay nada correcto o incorrecto, sino que se trata de encontrar lo que funciona en nuestro caso.

Cuando empecé a dibujar en serio me imaginé que todos los dibujos se producían en papel de dibujo, una asunción natural ya que era el papel que utilizábamos en la escuela. Sin embargo, cuanta más soltura tenía, más me apetecía explorar los diferentes efectos de los lápices de grafito sobre distintas superficies. Me entusiasmó utilizar papel rugoso para acuarela, ya que le aportaba textura a los dibujos. Hace poco empecé a experimentar en lienzo por un encargo que me hizo un cliente (el ejemplo que reproduzco está más abajo). Por último decidí que una cartulina lisa también era adecuada para mi estilo personal, después de haber probado asimismo muchas tablas y cartulinas para pasteles. Ahora es mi superficie preferida puesto que funciona muy bien y siempre acabo con un dibujo limpio y con gran detalle.

Como aspirante a artista descubrirás a muchos artistas, contemporáneos o pasados, a los que desees emular o incluso superar. Al estudiar sus obras y estilos te darás cuenta de qué estilo quieres seguir y entonces tendrás algo que realmente te inspire y motive.

He decidido mostrarte aquí tres tipos de superficies distintas, cada una con el mismo dibujo para advertir las diferencias.

Lienzo

Esta superficie es extremadamente rugosa, con altibajos, lo que hace que sea muy difícil controlar el lápiz al trabajar. Responde bien a la goma de borrar moldeable, pero debería emplearse sobre todo para borrar algún trazo de lápiz incorrecto. No frotes mucho ya que el grafito se correría y dejaría marcas. En el lado negativo hay que decir que resulta muy difícil conseguir la profundidad deseada, ya que la superficie empieza a resistirse al grafito al cabo de un rato.

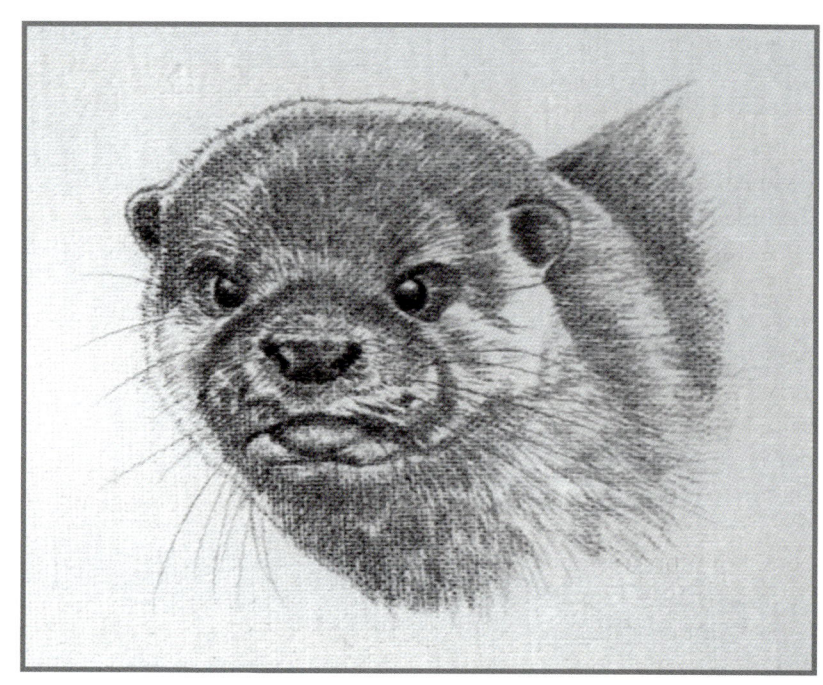

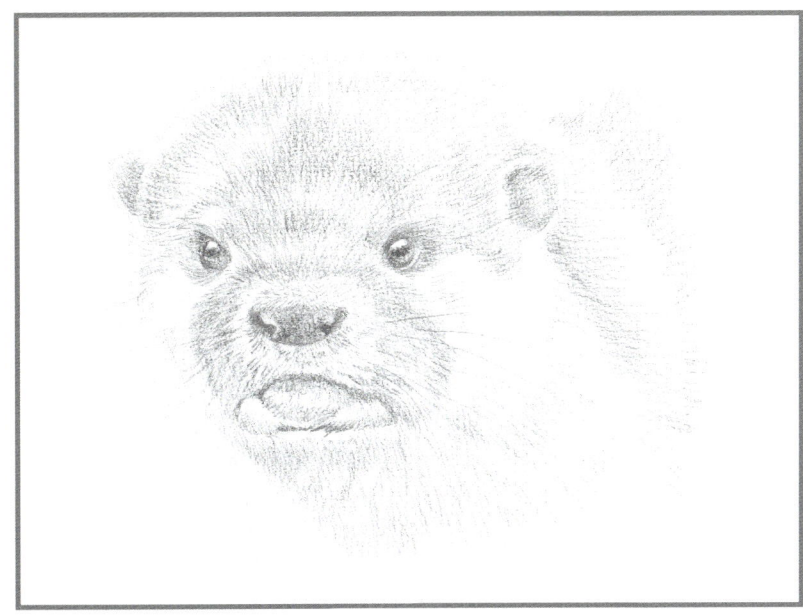

Papel rugoso para acuarela

Aunque no tiene tanta textura como el lienzo, este papel de acuarela que normalmente se presenta en color crema sigue teniendo una superficie rugosa. Acepta mejor el lápiz que el lienzo y, por consiguiente, se consigue mayor detalle. Una vez más, la goma moldeable puede usarse para eliminar algún trazo indeseado, pero una goma normal y corriente también funcionará bien siempre y cuando esté limpia y se utilice con cuidado.

Cartulina lisa

Este tercer estudio se ha realizado sobre una cartulina blanca lisa. Los otros estudios que presento en estas páginas se han llevado a cabo del mismo modo, pero podemos ver que en la cartulina se observa mayor detalle y las líneas quedan mucho más definidas en comparación con los otros dibujos.

Primero tracé el contorno con un lápiz 2H, que también utilicé para crear la primera capa del pelaje y la primera mano de los ojos. A continuación, me decanté por un lápiz 2B para profundizar en las capas del pelaje y oscurecer los ojos, las orejas y la boca. Por último, el elegido fue un lápiz afilado 4B para lograr la profundidad deseada. Lo hice con mucho cuidado, con capas

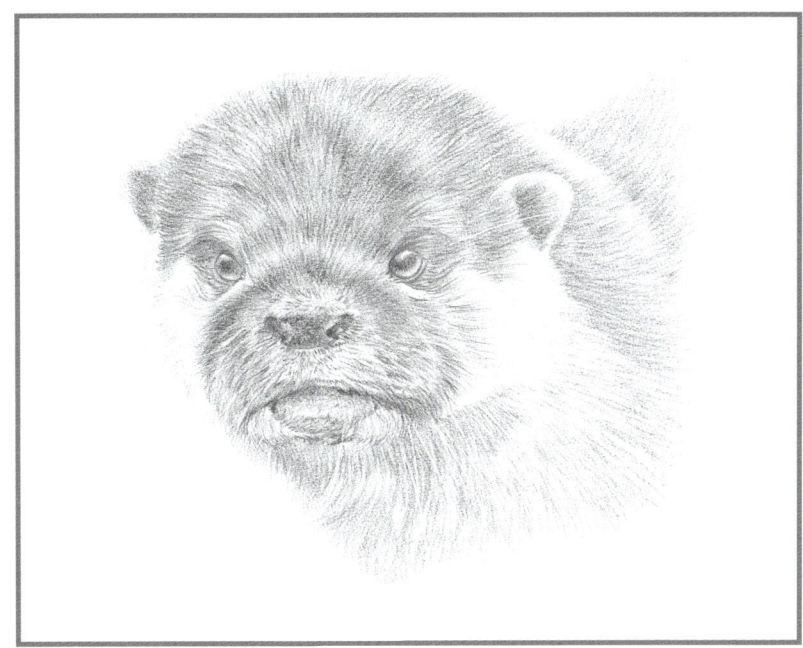

graduales. Si hubiese presionado demasiado con el lápiz 4B hubiese habido brillos y no hubiese podido profundizar más.

En cambio, aunque ir trabajando en capas graduales puede parecer lento, los resultados son mucho mejores.

Por dónde empezar

CONSEGUIR REFERENCIAS

Hay varias maneras de reunir material de referencia, pero el método más sencillo es hacer fotografías digitales. Sin duda, se pueden utilizar imágenes y fotografías de libros como referencia. Sin embargo, en la actualidad hay que andarse con mucho ojo a la hora de utilizar fotografías ajenas de internet debido a los derechos de autor. Lo mejor es utilizar fotografías propias siempre que sea posible, o bien intentar contactar con fotógrafos que no sean profesionales y pedirles si se puede utilizar alguna de sus imágenes. Si quieres hacer tus propias fotos, deberás hacer unas cuantas visitas a un zoológico o parque animal.

Cámaras digitales

¡Menos mal que existe la fotografía digital! Recuerdo cuando tenía que llevar los carretes para que los revelasen deseando que algunas fotos hubiesen salido bien y después esperar a recogerlas. Las fotos casi nunca tenían el aspecto que yo había imaginado, y muchas de las veces que lo he comentado con otras personas casi todo el mundo me ha dado la razón. Bueno, ya no tenemos que soportar esas decepciones de antaño. La inmediatez de la fotografía digital es lo mejor que le puede haber pasado a un fotógrafo o artista *amateur*. Enseguida sabes si has captado una buena imagen o no, y si la respuesta es negativa puedes ir haciendo más fotos.

Yo tuve que esperar bastante tiempo hasta que pude permitirme comprar una cámara Reflex, pero he de decir que este tipo de cámara es mucho mejor que una automática, ya que no existe ese lapso de tiempo entre cuando presionas el botón y se toma la fotografía. Es muy frustrante cuando estás fotografiando a un animal que se mueve ver que has apretado el botón en el momento correcto pero que la foto se ha tomado después.

La mayoría de las cámaras vienen solo con lentes de corta distancia, normalmente 18-55 mm. Yo tengo una Canon 400D que es una cámara excepcional para un principiante y que además es muy fácil de usar. Si quieres hacer fotos de primer plano necesitarás lentes básicas de zoom. Una lente de 70-300 mm es ideal. No es muy cara, no pesa mucho y permite hacer las fotos con un buen pulso de mano o un trípode.

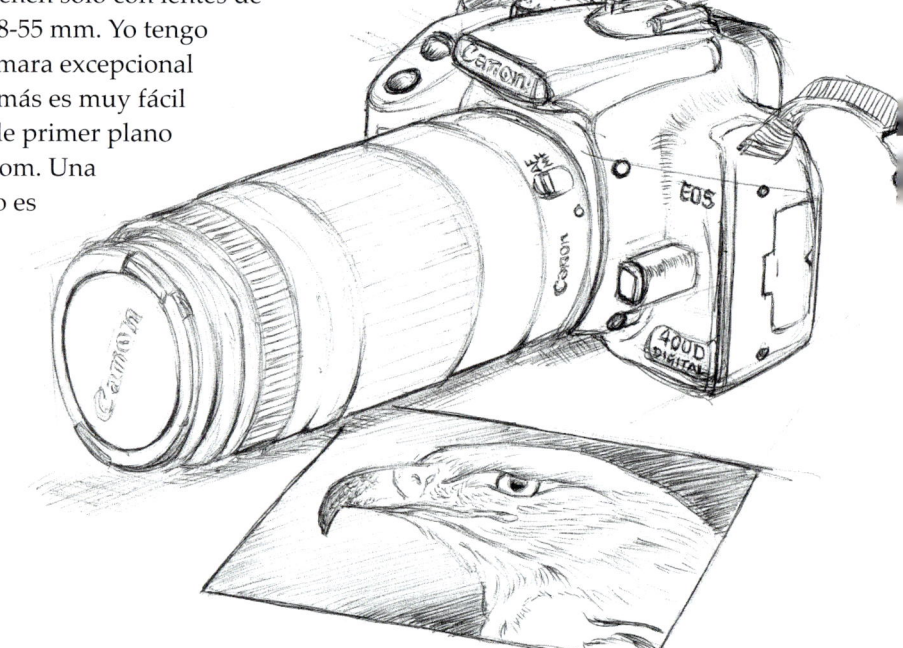

Ilustración de mi Reflex y una imagen digital tomada con mi cámara.

PREPARAR LA ZONA DE TRABAJO

La mejor manera de empezar es prepararse bien. Me pasa continuamente, creo que ya lo tengo todo, me pongo manos a la obra y enseguida me doy cuenta de que me falta algo para empezar. No hay ni una sola vez que no tenga que levantarme del escritorio en busca de alguna herramienta.

Por eso he invertido un poco de dinero en elementos de almacenaje de oficina para ayudarme a ser más organizada y poder dejar el escritorio ordenado cuando he acabado el dibujo. No hace falta gastarse mucho y está claro que también se pueden encontrar en internet objetos de segunda mano en muy buen estado. Yo tengo una cajonera y una cómoda con estanterías dentro.

No es obligatorio tener un caballete para dibujar. Cuando empecé utilizaba unos tableros en los que enganchaba con cinta el papel o la cartulina. Otra opción barata es cortar un tablero a medida y utilizarlo como escritorio.

Siempre es mejor trabajar en ángulo, ya que al trabajar en plano se pierde el sentido de la proporción y la perspectiva. Lo más fácil es sentarse a una mesa y apoyar el borde superior sobre el borde del sobre de la mesa. Pon la parte inferior del tablero sobre tu falda y ya tendrás una posición en ángulo. Es casi imposible que el ángulo sea demasiado agudo, así que lo importante es adoptar una postura cómoda.

Antes de empezar deberás asegurarte de contar con todos los lápices necesarios, la goma, el sacapuntas, el bote para los restos de las puntas, las fotos de referencia, la cinta y cualquier otro material que te sea útil. Utiliza un poco de cinta para fijar las esquinas del papel al tablero y evitar así movimientos imprevistos.

Es importante que el papel o la cartulina se mantengan limpios durante todo el proceso, así que conviene utilizar un trozo de papel para apoyar la mano a medida que avanzamos con el dibujo. De esta manera se evitarán manchas de grafito.

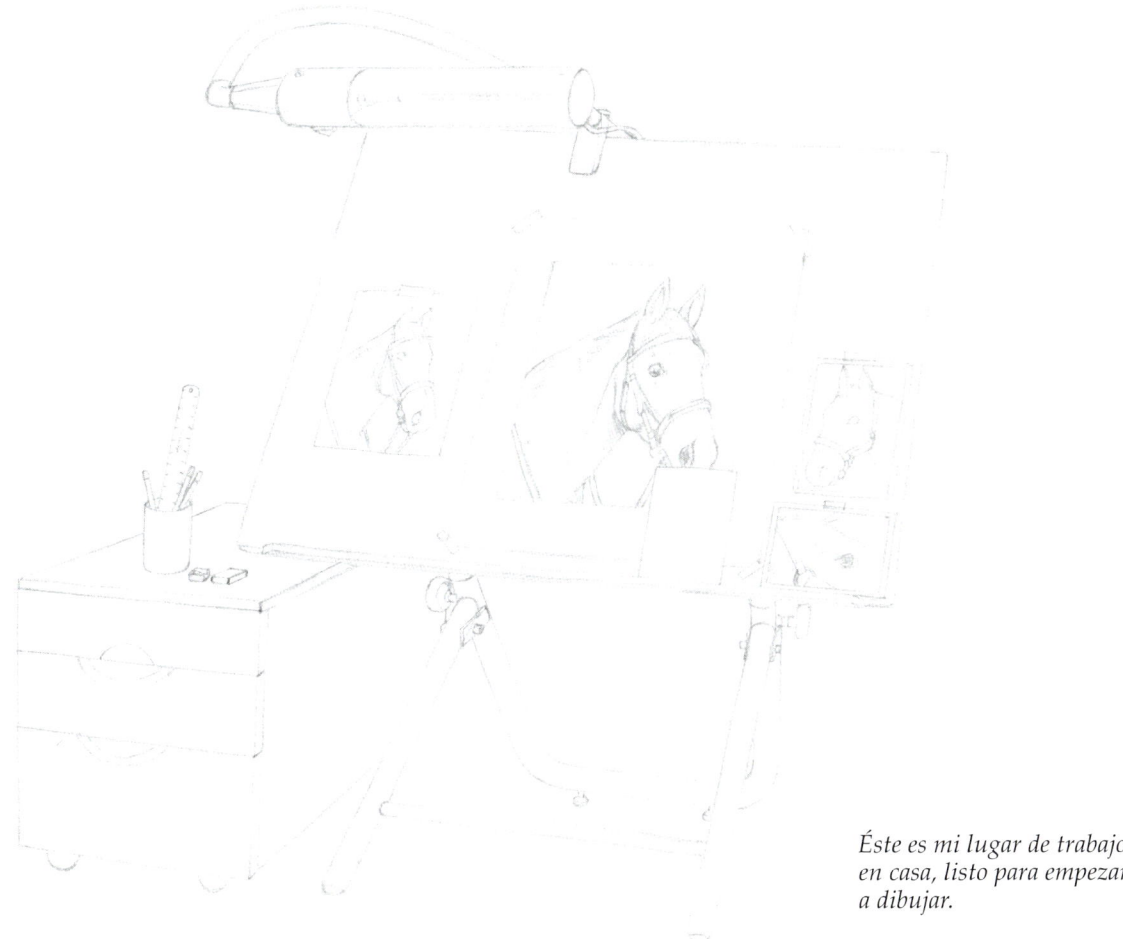

Éste es mi lugar de trabajo en casa, listo para empezar a dibujar.

PLANIFICAR EL DIBUJO

Tomar dibujos a modo de referencia

Si tienes suerte y puedes ver al animal que deseas y hacerle fotos, tendrás que asegurarte de que sean buenas y tengan la suficiente calidad como para que te sirvan de referencia. Lo mismo se aplica a las imágenes que adoptamos como referentes a partir de las que trabajar, pero este método implica que será un poco más duro obtener los resultados deseados.

Sea cual sea el método, el objetivo deberá ser intentar crear una imagen tridimensional del tema, seleccionando con corrección las imágenes de referencia.

Como aficionado a menudo tendrás que aprender de tus propios fallos, y lo digo por propia experiencia. A menudo volvía a casa después de haber hecho fotografías y me daba cuenta de que en ninguna de las fotos se veía la cola del animal o claramente el ojo o el morro.

Para hacer las fotografías, deberás tener en cuenta:

• Intenta tomar fotografías al aire libre con luz natural.

• Si el animal está agitado, espera con paciencia a que se calme antes de empezar la sesión.

• Llévate algo de comer o un juguete siempre que sea apropiado para captar la atención del animal.

• Asegúrate de tomar fotos de todo el cuerpo y también fotos del primer plano de la cabeza.

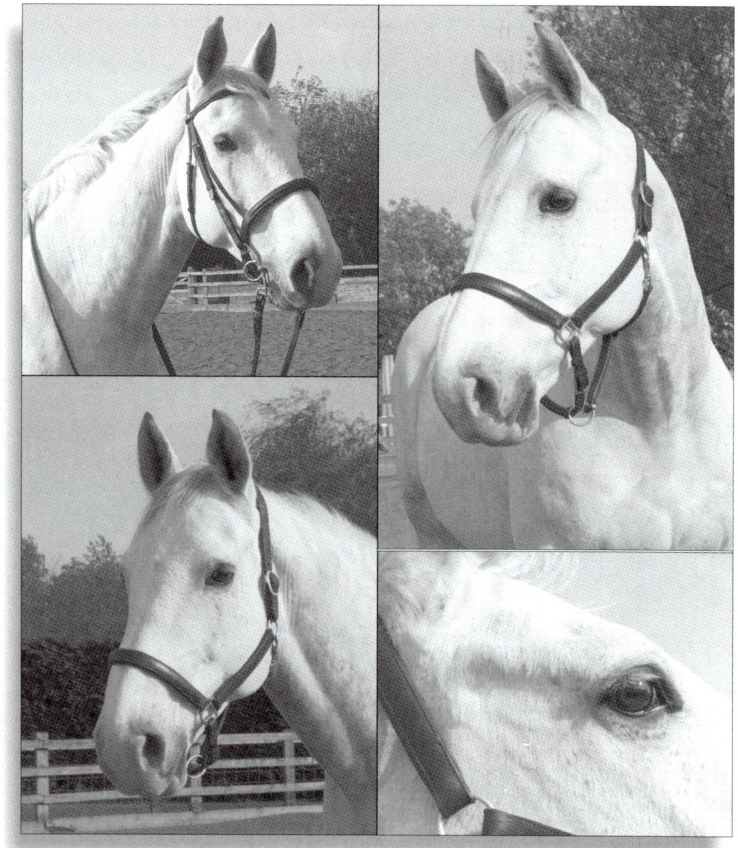

Planear la composición

Si ya has estudiado con detenimiento las fotografías de referencia con las que cuentas, este paso debería ser bastante directo. Cuando observas las imágenes, lo mejor es colocarlas por preferencia. Entonces te será mucho más fácil seleccionar después las mejores fotografías con las que trabajar y eliminar las otras.

A modo de ejemplo, aquí muestro fotografías de un caballo que son material de referencia para ayudarme a completar un retrato y otras fotografías que me ayudarán y me aportarán información. El siguiente paso será dibujar el contorno del animal en la superficie elegida.

TRANSFERIR UNA IMAGEN A PAPEL

El método de la cuadrícula de transferir una imagen a la superficie lo utilizan artistas de todo el mundo y no se considera hacer trampas. Necesitarás una buena técnica para transferir bien la imagen. Si eres como yo, tendrás tantas ganas de empezar tu nuevo dibujo que si puedes eliminar alguna fase de la planificación lo harás y saltarás al vacío. Teniéndolo en cuenta voy a explicarte el método de la cuadrícula asumiendo que tengas una referencia fotográfica de un tamaño correcto y que no haga falta ampliarla.

Cuando empecé a utilizar el método de la cuadrícula, dibujé una cuadrícula encima de mi foto de referencia y después una cuadrícula correspondiente en el papel. No hay nada malo en hacerlo así, pero estropea la fotografía de referencia. Por eso recomiendo crear una cuadrícula permanente que puedas reutilizar. Es la manera más fácil de transferir la imagen seleccionada al papel u otra superficie sin dañar la referencia.

La mayoría de los retratos que produzco son más pequeños de 40 x 60 cm (15 ¾ x 23 ½"), y la mayoría son de 30 x 40 cm (11 ¾ x 15 ¾"). Ahora trabajo a partir de fotocopias que tienen el tamaño exacto del retrato que quiero hacer. De esta manera elimino la necesidad de ampliar mediante el método de la cuadrícula, que puede llegar a ser complicado.

Truco

*E*stas instrucciones son para una cuadrícula de 30 x 40 cm (11 ¾ x 15 ¾") con cuadrados de 2 cm (¾"), pero puedes alterar fácilmente el tamaño si quieres hacer un dibujo de mayores dimensiones o el tamaño de la cuadrícula para conseguir mayores detalles.

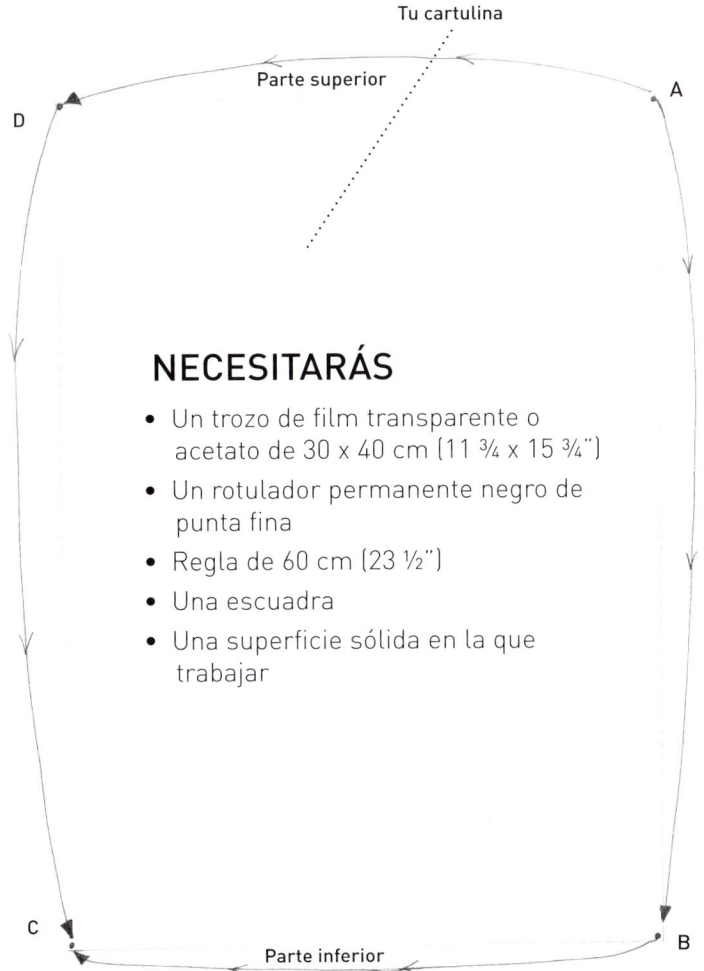

Tu cartulina

Parte superior

D

A

NECESITARÁS

- Un trozo de film transparente o acetato de 30 x 40 cm (11 ¾ x 15 ¾")
- Un rotulador permanente negro de punta fina
- Regla de 60 cm (23 ½")
- Una escuadra
- Una superficie sólida en la que trabajar

C

Parte inferior

B

Crear una cuadrícula permanente

1 Utiliza una escuadra y una regla para dibujar un rectángulo de 30 x 40 cm (11 ¾ x 15 ¾") sobre el acetato para darle la forma.

2 Empezando por la esquina superior derecha del acetato (A), toma el rotulador para marcar 2 cm (¾") hacia la esquina inferior derecha del rectángulo (B), y así ve marcando cada 2 cm.

3 A continuación vuelve a la esquina superior derecha y marca incrementos de 2 cm (¾") en horizontal hasta llegar a la esquina superior izquierda (D).

4 Ahora marca hacia abajo desde la esquina superior izquierda (D) incrementos de 2 cm (¾") hasta llegar a la esquina inferior izquierda (C).

5 Vuelve a la esquina inferior derecha (B) y marca en horizontal incrementos de 2 cm (¾") hasta llegar a la esquina inferior izquierda (C).

6 Por último, utiliza la regla y el rotulador para unir con cuidado todas las marcas horizontales y verticales con líneas. Ya tendrás tu cuadrícula permanente que podrás sobreponer en cualquier dibujo de referencia.

Preparar el papel u otra superficie

Al dibujar la cuadrícula sobre el papel en el que vas a transferir la imagen, la clave es recordar que hay que utilizar un lápiz duro (lo ideal es que sea un 2H) y utilizarlo ejerciendo poca presión con la mano. Recuerda que después vas a borrar las líneas cuando hayas acabado de dibujar la imagen. Cualquier presión sobre el papel dificultará después su borrado. Si empleas un lápiz blando y quieres utilizar una goma para borrar las líneas, es muy probable que se formen manchas y queden marcas.

En este ejemplo he utilizado una cartulina blanca lisa sobre la que trabajar. Hay que contar el número de cuadrados horizontales y verticales de la cuadrícula del dibujo para garantizar que hay el mismo número en la cuadrícula permanente y en la cuadrícula trazada en el papel.

1 Establece un rectángulo del tamaño correcto sobre la superficie. En este ejemplo la medida es 30 x 40 cm (11 ¾ x 15 ¾").

2 Dibuja la cuadrícula del mismo modo que hiciste en la cuadrícula permanente de acetato, pero utilizando un lápiz 2H.

3 Ahora puedes poner la cuadrícula transparente delante de la fotocopia utilizando un poco de cinta. Tendrás tu cuadrícula transparente sujeta a la fotografía de referencia y una cuadrícula semejante marcada sobre el papel o la cartulina.

Transferir la imagen

El objetivo ahora es transferir la información con la cuadrícula transparente de la fotografía al papel, cuadrado a cuadrado. La mejor manera es emplear la cuadrícula para colocar el punto más alto del animal, que en este caso es la oreja derecha del caballo. Cuenta cuantas cuadrículas hay desde la parte superior de la cuadrícula y cuantos cuadrados desde la parte derecha de la cuadrícula hasta la oreja. Coloca esos puntos correspondientes en la cuadrícula sobre el papel de manera que sepas por dónde empezar. Comprueba dos veces las medidas contando el número de cuadros desde abajo hasta la punta de la oreja (o donde desees que acabe el retrato) para garantizar que tengas suficiente espacio en el retrato y que el dibujo quede bien centrado. Lo ideal es que haya algún cuadrado en blanco por encima de las orejas, porque si no el retrato puede quedar demasiado lleno. Comprueba que también hay el número correcto de cuadros en el ancho del dibujo.

1 Empezando por el cuadrado que contiene la punta de la oreja derecha, copia lo que observas en la cuadrícula de la fotografía en el cuadrado correspondiente en el papel.

2 Trabaja hacia abajo y alrededor del contorno del caballo primero. Al avanzar, asegúrate de que no te has saltado ningún cuadrado, comprobando dos veces el número de cuadrados en la cuadrícula entre los distintos rasgos, como por ejemplo la oreja y el morro y la parte de atrás del cuello.

3 Cuando ya hayas acabado el contorno del caballo, después de comprobar que ya has transferido toda la imagen al papel, con suavidad borra todas las líneas de la cuadrícula con la goma.

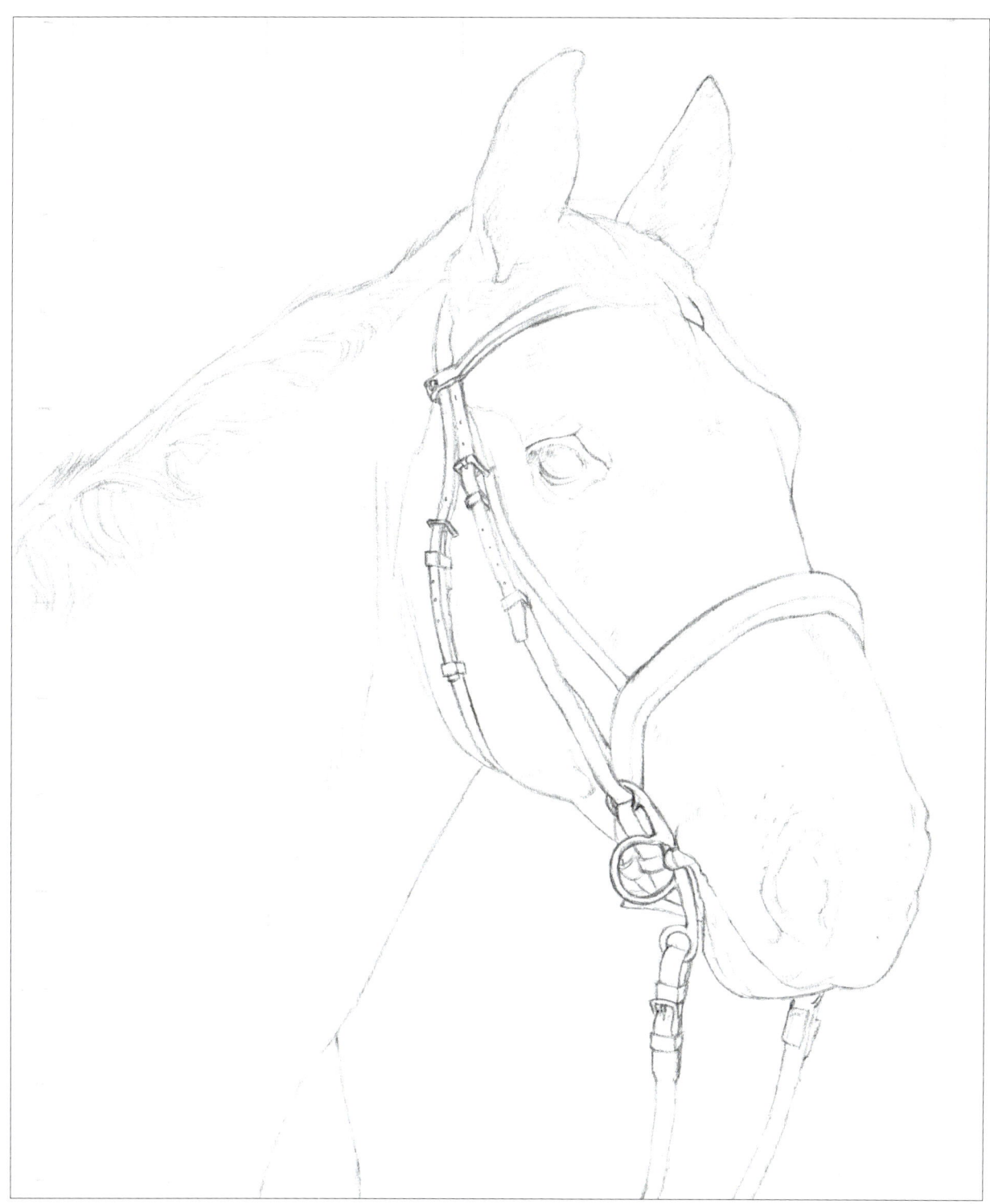

Dee

30 x 40 cm (11 ¾ x 15 ¾")

El contorno ha sido dibujado por completo y ya está listo para incorporar las sombras.

TRABAJAR CON IMÁGENES DE REFERENCIA

Trabajar confiando tan solo en el ojo se considera lo más difícil que hay. Si le pasas un lápiz a alguien y le dices que dibuje, seguramente contestará que no sabe dibujar incluso antes de intentarlo. Para poder dibujar bien a ojo o a mano alzada, ya sea copiando un dibujo o dibujando algo al natural, hay que ser competente en dos ámbitos: la perspectiva y la proporción. Sin esos dos ingredientes el dibujo no será correcto.

Para dibujar bien es esencial asegurarse de que la fotografía de referencia de la que partimos es la mejor que podemos tener. El dibujo puede llegar a ser tan bueno como el material de referencia, pero además hay muchas maneras de hacer fotos y no todas son igual de idóneas. En estas páginas te voy a mostrar ejemplos de buenas y malas perspectivas y proporciones para que las compares y contrastes.

Perspectiva

La fotografía del lobo del lado izquierdo no sería una buena referencia. El ángulo desde el que ha sido tomado hace que parezca que el lobo es paticorto y el tamaño de la cabeza queda exagerado. Si intentas copiar esta imagen, será muy difícil dibujar el ángulo de las patas, y esto es algo que tenemos que considerar al hacer las fotos. Aunque esta loba en particular, Tatra, es bastante corta y compacta en comparación con otros lobos, no es una buena foto.

La segunda imagen (a la derecha) también es de la misma loba. Esta vez la foto se ha tomado desde arriba y desde un lateral. Es una foto en la que queda mucho mejor, ya que muestra la longitud del cuerpo y no hay escorzo de las patas delanteras. Su cabeza también está proporcionada al cuerpo, y en conjunto el efecto es más atractivo.

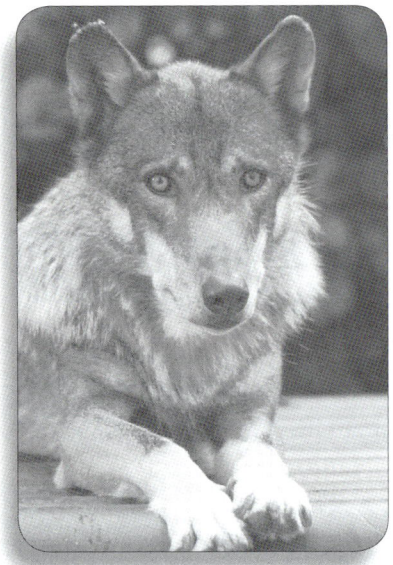 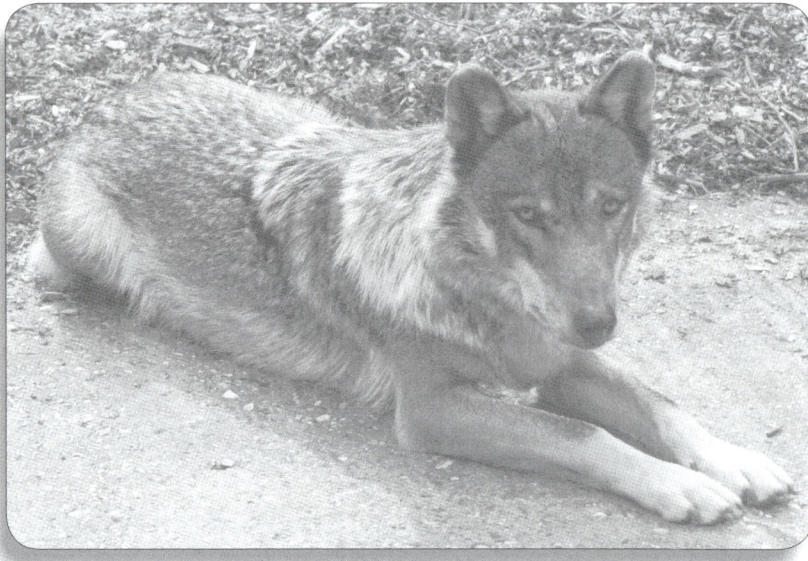

Proporción

Éste es el otro componente de un buen dibujo a mano alzada. En la fotografía que está justo al lado, tenemos a Dee que se presenta como un caballo impresionante, pero no está proporcionado. Al hacer la foto estaba demasiado cerca y parece que yo sea la mitad de alta que él. El efecto es que parece paticorto, y las patas dejan de estar proporcionadas al cuerpo. La cabeza se inclina hacia delante y, al ser la parte más cercana a la cámara, parece mucho más grande en comparación con el resto del cuerpo. Como quedamos casi cabeza con cabeza, no hay nada que al ojo humano le permita evaluar el tamaño de su cabeza; así el resultado no es óptimo.

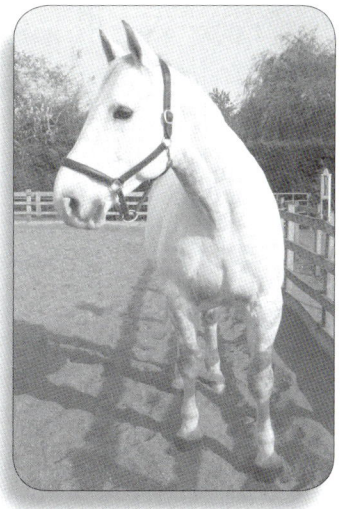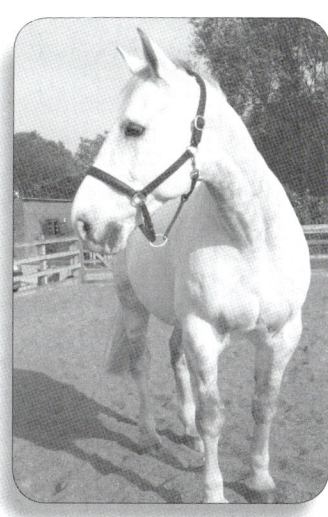

La segunda fotografía (la que está en el extremo más a la derecha) retrata a Dee en una pose similar. Sin embargo, esta vez podemos ver todo su cuerpo desde mi ángulo, ofreciendo la imagen de perspectiva y de evaluación de la proporción. La cabeza está más girada y eso hace que su cuello parezca más largo. Este ángulo no tiene escorzo en las patas y es mucho más fácil ver lo alto que es en comparación con el ancho. En la primera fotografía, la mitad trasera del cuerpo quedaba oscurecida, pero en la segunda podemos verle la cola. Teniendo en cuenta todos esos aspectos, la fotografía elegida para un retrato será la segunda.

Observación

Ser observador es algo que todos creemos que es positivo y es fácil convencernos de que seremos capaces de recordar detalles específicos cuando volvamos a casa. Sin embargo, la observación para dibujar es muy compleja.

Me gusta mucho analizar los gestos que hacen los animales y sus rasgos de carácter, y aunque me gusta pensar que soy buena recordando los detalles, al final no resulta ser así. Tengo que hacer cientos de fotografías para poder acabar algunos encargos que me hacen de todo tipo de animales.

Las fotografías de referencia se convierten en mi mapa de ese animal en concreto. Siempre hay marcas o heridas que son únicas y que hay que reproducir en el retrato para garantizar que ese animal sea reconocido en el dibujo final.

Unas buenas dotes de observación incluyen entender la dirección del pelaje, así como el tono muscular y la estructura ósea. Puede parecer abrumador pero basta con entrenar el ojo para estudiar más aspectos y hacerlo con mayor detenimiento.

Trucos

- Practica dibujando a mascotas cuando duermen.
- Empieza con algunas líneas básicas para completar el contorno.
- Asegúrate de estar satisfecho con el contorno antes de empezar a dibujar los detalles.
- Al ir avanzando mide cada parte del cuerpo con el resto de las partes para mantener la proporción adecuada.
- Trabaja en una superficie con ángulo para mantener la perspectiva al dibujar.
- Dibujar con un bolígrafo o una pluma puede ser muy divertido y dejar ver las líneas de los primeros trazos puede aportarle interés al dibujo una vez acabado.
- Por último, recuerda que la práctica hace la perfección. Es la única manera de mejorar nuestra manera de dibujar.

El lobo

El lobo es mi animal preferido, ¡como sabrá cualquiera que me conozca! A cualquiera que le encanten los perros los conmoverá su gracia y belleza. Los lobos son unas de las especies peor entendidas, ya que en realidad son tímidos, huidizos y difíciles de ver. Ahora bien, hay muchísimas personas que han dedicado su vida al estudio de esas increíbles manadas y tras muchos años de persecuciones finalmente empezamos a respetar a los lobos como se merecen.

El modelo para este retrato es una loba llamada Tatra, una de las dos lobas hermanas que se pueden ver en el parque natural Paradise Park en Hetfordshire, Reino Unido. Se trata de una foto en la que se puede ver todo su pelaje de invierno, cuando resulta más impresionante.

MATERIAL

Cartulina blanca lisa de
  42 x 30 cm (16 ½ x 11 ¾")
Lápices de grafito 2H, HB, 2B
  y 6B
Barra de grafito 3B
Sacapuntas
Goma moldeable
Aguja de bordar
Papel para apoyar la mano

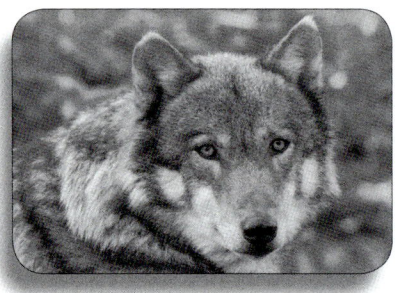

1 **Contorno.** Traza una cuadrícula sobre la cartulina con un lápiz 2H muy suavemente para poder borrar con facilidad las líneas de la cuadrícula cuando ya no las necesites (véase las páginas 23-24 para obtener más información) y transfiere el contorno a la cartulina.

Pelo blanco. Para asegurarte de dejar marcados en la superficie de la cartulina algunos pelos blancos sobre el pelaje del lobo (por ejemplo, en el morro, las orejas y las mejillas) utiliza una aguja de bordar; así podrás marcar pelos largos o cortos en el contorno, empezando desde la raíz y trabajando hacia fuera, hacia la punta. Aunque se trata de trazos cortos, es buena idea practicar primero en un trozo de cartulina para tener práctica antes de empezar. Al empezar a sombrear ten cuidado y no dejes que la punta del lápiz caiga sobre las líneas, ya que será difícil eliminar de ahí el grafito. Los bigotes del lobo empezarán a sobresalir del fondo al ir trabajándolo.

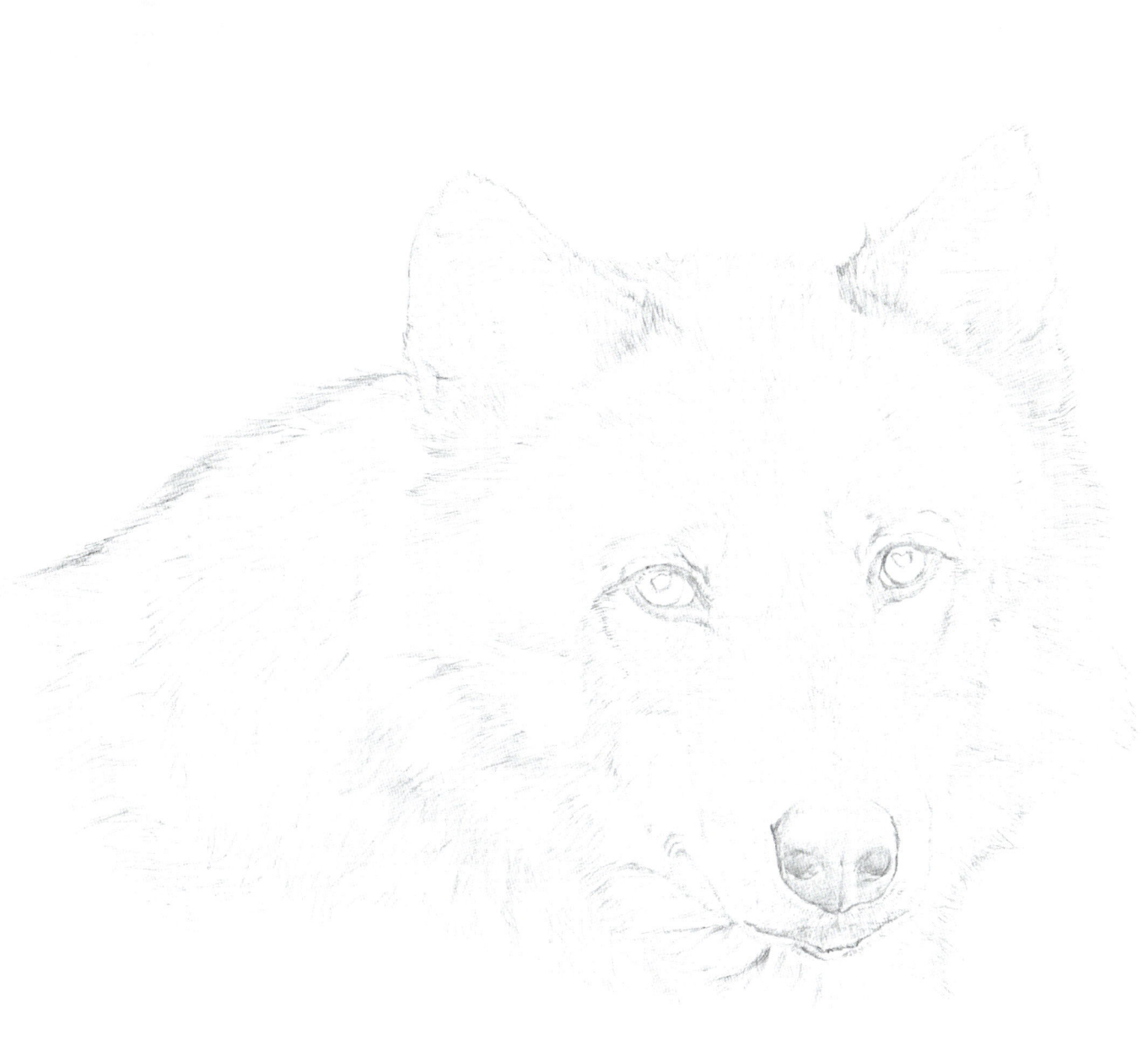

2 Pelaje y rasgos. Por dónde empezar es una elección personal pero la zona de los ojos suele ser una buena opción, ya que la dirección del pelaje es muy obvia. Usa un lápiz 2H para añadir la primera capa de pelaje del lobo. Tómate todo el tiempo necesario para emular la dirección del pelo, pues tiene que ser la correcta para mostrar la estructura ósea y lograr el efecto. Con cuidado rellena el párpado inferior y oscurece la parte interior del ojo (alrededor del iris) y la trufa. Para ésta, emplea una punta que ya esté desgastada y sombréala con unos movimientos circulares para crear la textura.

29

3 **Crear la textura del pelaje y los rasgos.** Continúa creando las capas de pelaje del lobo con un lápiz 2H, teniendo en cuenta que el largo del pelaje cambia de corto a largo cuando te vas alejando de la cara. Mantén los trazos cortos y definidos en el morro. Oscurece el pelo en la base de las orejas y en el interior, manteniendo una presión suave con el lápiz. Después de algunas capas hechas con el pincel, verás cómo de forma gradual se va oscureciendo. Con suavidad dibuja otro par de capas con lápiz 2H en la trufa. Añade una capa muy ligera en las pupilas, el iris y la parte interior de los ojos con 2H. Deja los reflejos de las pupilas sin tocar. Asegúrate de que las pupilas tengan un reborde marcado, pero que no quede demasiado duro.

https://youtu.be/
GkaCq9mQtkE

4 **Ojos.** Sácale punta al lápiz de grafito 2B y oscurece los ojos un poco más, pero con cuidado de no presionar demasiado. Los toques suaves se pueden borrar si es necesario, pero si se aplica una presión excesiva es casi imposible. Mantén el lápiz afilado para retratar bien los detalles. Ten en cuenta cómo se conforman los ojos con diminutas líneas, sin que haya unos tonos sólidos. De forma gradual tienes que ir dando profundidad a las pupilas y los párpados. Afila la barra de grafito 3B y oscurece el dibujo un poco más. Por último, utiliza con mucha suavidad el 5B para que el color negro quede lo más negro posible. Esos tonos oscuros serán la guía de cómo debe de quedar el pelaje al final.

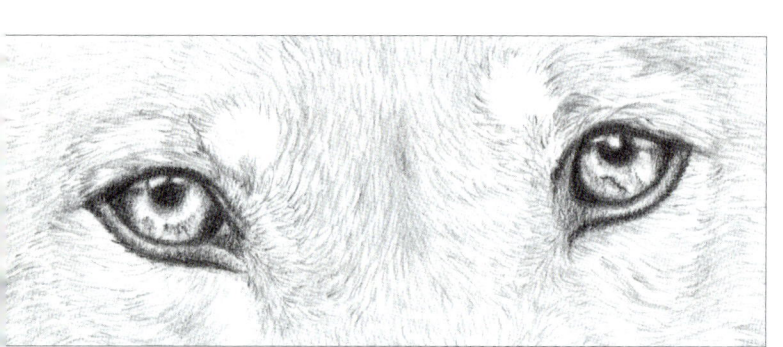

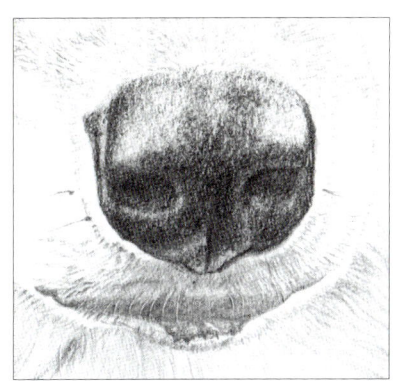

5 **Trufa**. Con el lápiz 2B dale un poco más de sombra en las zonas oscuras de la trufa, una vez más con movimientos circulares. Con suavidad hay que ir dando unos toques en las zonas de reflejos para que se fusionen bien, ya que tendrán que quedar en un tono gris en vez de blanco. A continuación utiliza el lápiz 6B para oscurecer la trufa un poco más; empieza por la base y trabaja por los orificios de la trufa hacia la parte superior. Asegúrate de que el interior de los orificios quede bien negro.

https://youtu.be/
9OqadzFyZMU

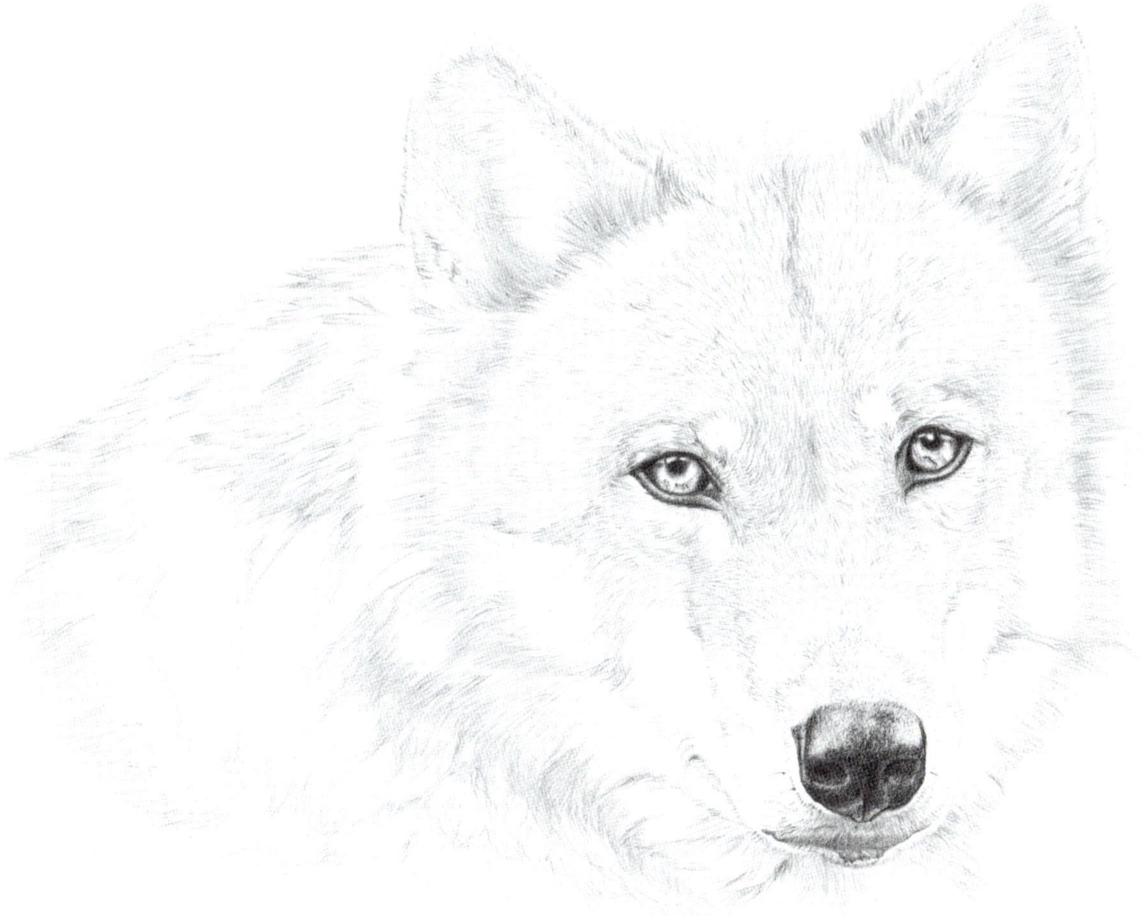

6 **Oscurecer el pelaje.** Sácale punta al lápiz HB y vuelve otra vez sobre el pelaje para oscurecerlo un poco más en todas las zonas en las que ya has trabajado antes. Mantén los pelos muy cortos, casi como puntos al acercarte a la trufa. Tal y como hemos hecho anteriormente, mantén la presión firme pero sin apretar demasiado. Al trabajar has de ir observando si te acercas ya al tono de color del pelaje comparándolo con los tonos oscuros de la trufa y los ojos. Conseguir el tono adecuado es un proceso largo que merece la pena.

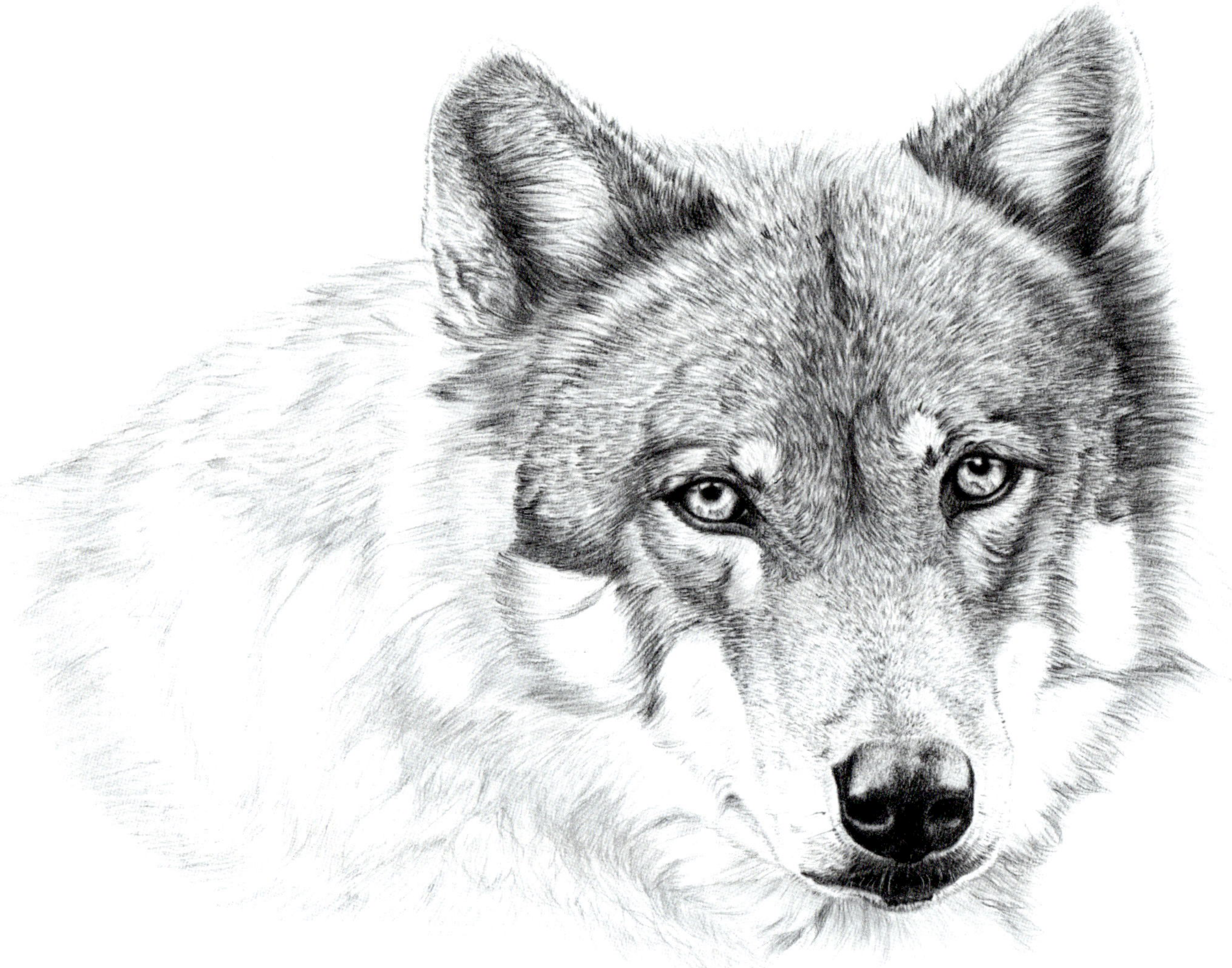

7 **Tono.** Ahora ya puedes afilar un lápiz 6B y utilizarlo para acabar de darle el toque al pelaje del lobo. Ese lápiz se desgasta muy rápido, así que tendrás que irle sacando punta a menudo para que las líneas del pelo sean definidas. No hay necesidad de utilizar un lápiz de grado medio, ya que ya hemos establecido bastantes capas antes y un límite de cantidad de grafito que puede absorber una cartulina lisa. Empieza en torno a los ojos y trabaja hacia las orejas. El dibujo de arriba muestra la gran diferencia al añadirle 6B en la cabeza en comparación con el pelaje del resto del cuerpo que todavía no se ha trabajado así.

https://youtu.be/
fr0WFIsmvjw

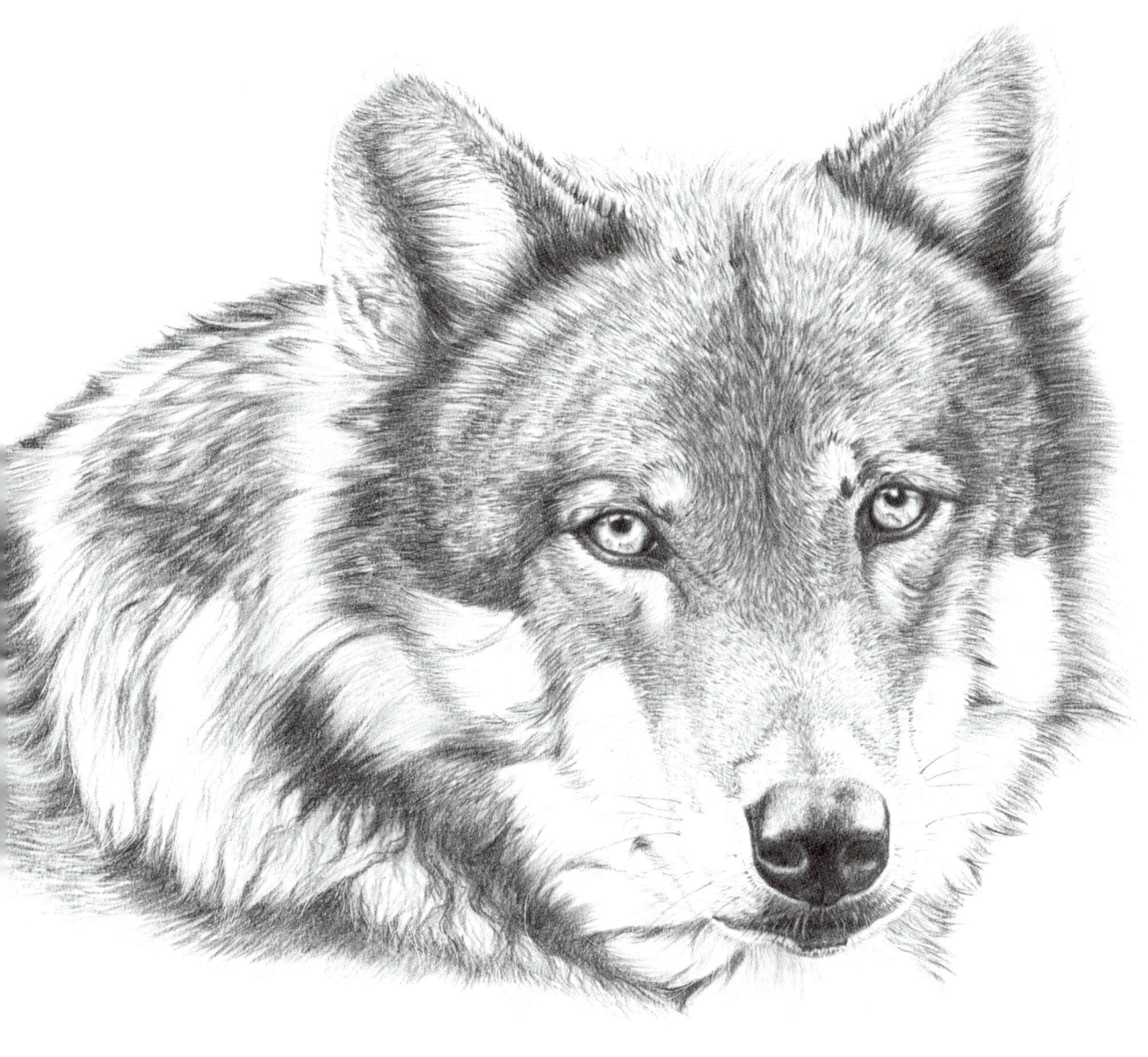

Un retrato de Tatra

42 x 30 cm (16 ½ x 11 ¾")

Lápiz de grafito sobre cartulina blanca lisa

En la fase final, continúa trabajando en el cuerpo del lobo hasta que tengas al menos una capa con 6B por encima de todo el tronco. Si la zona más oscura del pelaje todavía no queda tan oscura como la trufa, añade otra capa de 6B con la punta bien afilada. Después sombrea cualquier parte del pelaje que no tenga que quedar blanca, con mucha suavidad, con el lápiz 2H; oscurece los ojos y la trufa un poco más si así lo consideras necesario con el 6B y concéntrate en la zona del cuello. Asegúrate de tener tiempo para resaltar el lateral del cuello. Por último, dale un toque final a las pupilas con el 6B y añádele unos bigotes al hocico con el 3B bien afilado; con la goma de borrar haz algún reflejo y, por último, ¡aléjate, siéntate y disfruta de tu obra de arte!

El suricata

El suricata es un animalito irresistible, curioso y adorable que en los últimos años ha ido ganando en popularidad. La gente se siente atraída por razones obvias, y también alegra mucho ver cómo se cuidan los unos a los otros. Aunque en la vida real son sorprendentemente pequeños, los suricatas despiertan un gran interés en nosotros. Enseguida te das cuenta de cómo siendo tan pequeños la supervivencia debe de ser dura en su hábitat, y es muy probable de que ésa sea la razón por la que se juntan en manadas para protegerse.

MATERIAL

Cartulina blanca lisa de 42 x 30 cm (16 ½ x 11 ¾")

Lápices de grafito 2H, B, 3B y 6B

Sacapuntas

Goma de borrar moldeable

Aguja de bordar

Papel para apoyar la mano

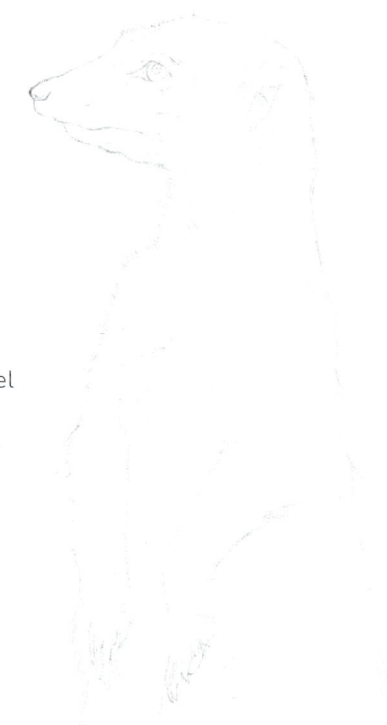

1 **Contorno.** Dibuja las líneas del animal con el método de la cuadrícula o con un trazo a mano alzada. Este contorno está dibujado sobre una cartulina blanca lisa de 42 x 30 cm (16 ½ x 11 ¾"), mientras el dibujo ocupa unos 21 x 30 cm (8 ¼ x 11 ¾") en el centro del papel. El tamaño es el menor que aconsejo para dibujar, ya que si fuera más pequeño todavía sería más difícil dibujar al suricata y mostrar todos sus detalles.

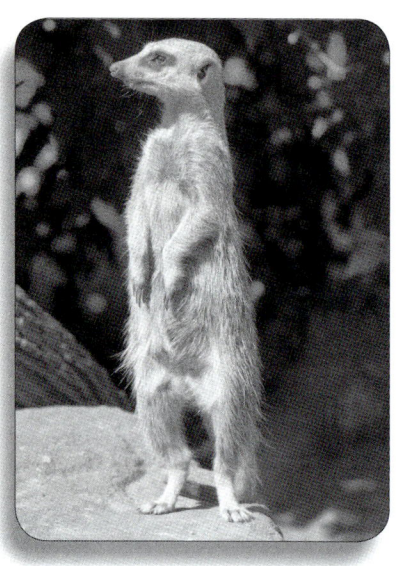

Truco

*N*o olvides tener a mano un trozo de papel para descansar la mano a medida que dibujas y evitar las manchas.

2 **Trazar las marcas.** Conviene resaltar cualquier pelo de color claro que cruce delante de un fondo oscuro, ya que después no se podrán añadir. Vemos algunos en las patas delanteras, la boca, la barbilla, el cuello y la parte interior de las patas traseras. Usa una aguja de bordar, pues suele tener una punta gruesa y un poco redondeada que te ayudará a marcar esos pelos en la cartulina.

Pelaje. Con un lápiz afilado del 2H dibuja la primera capa del suricata. Intenta dejar algunos reflejos en esa capa utilizando una capa muy fina de lápiz. Has de ir incrementando las distintas capas poco a poco, empezando por los pelos cortitos de la cabeza y la cara. Al ir bajando por el cuerpo, los pelos se van alargando poco a poco. Cuando llegues a las pezuñas, añade los detalles y empieza a crear las sombras que se proyectan sobre la roca detrás del suricata.

3 **Textura de la roca.** Sácale punta al lápiz 2H una vez más y utilízalo para rellenar la roca que se ve detrás del suricata. Trabaja desde la parte frontal de la roca hacia atrás con la técnica del garabato, para conseguir poco a poco la textura deseada. Mantén el fondo de la roca de un color más claro, ya que es una parte que se diluye en la distancia. Añade un par de capas del lápiz 2H a la roca para hacer sombras y oscurecerla. Un lápiz B con buena punta te ayudará a crear la siguiente capa, para conferir profundidad al suricata y trabajar desde la cabeza hacia abajo.

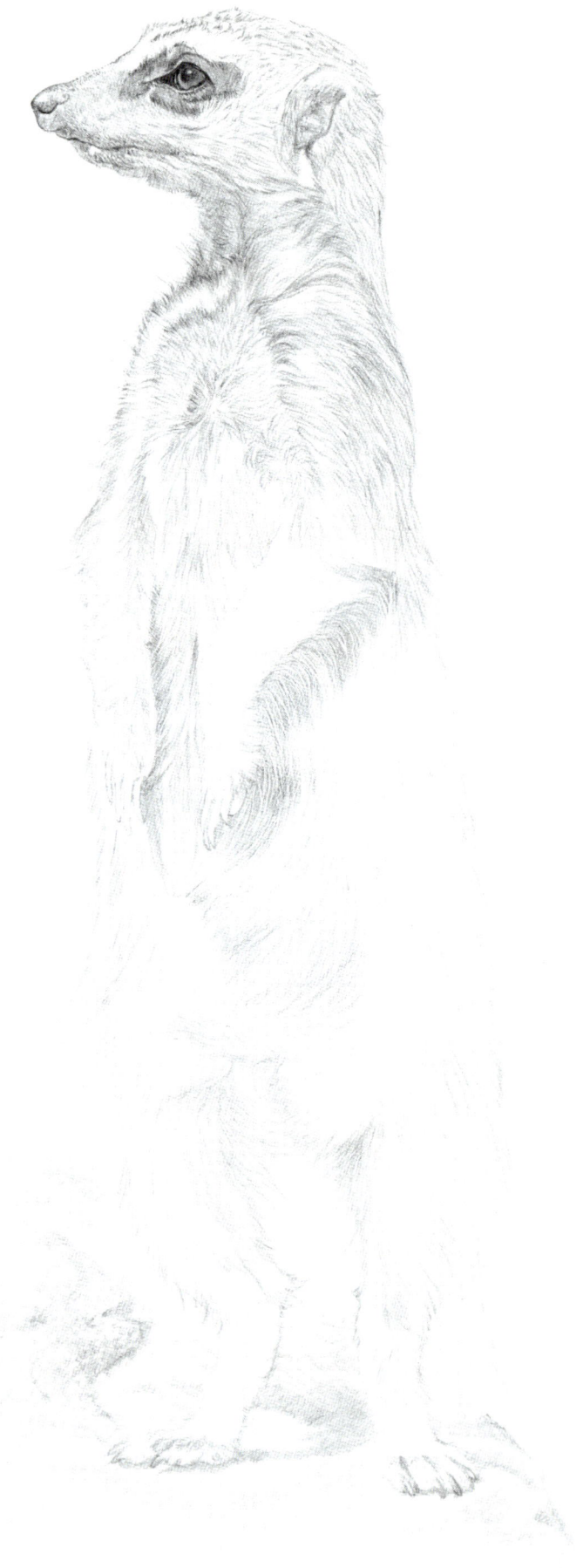

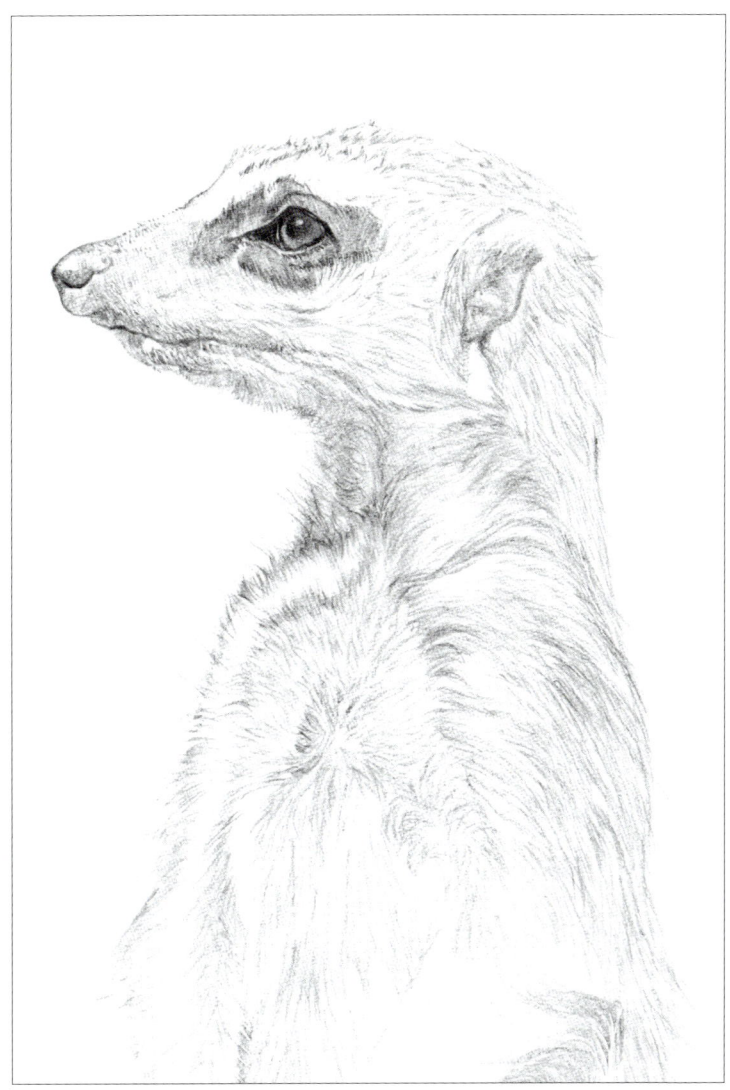

4 Tono. Continúa aportando tono con el lápiz B. Las marcas efectuadas con el lapicero en esta fase tienen que ser muy delicadas y definidas para crear el efecto del pelaje. Si te pasas al oscurecerlo no crearás la textura adecuada. Trabaja con cautela alrededor de los brillos para no perderlos. Si necesitas que sean más aparentes, dale forma a la goma moldeable y presiona en la zona para eliminar parte del grafito. Trabaja con lentitud, comprobando con regularidad la imagen de referencia. Procura apoyar la mano siempre sobre un papel para proteger las zonas blancas del fondo. Mantén siempre el lápiz con buena punta.

Rasgos. Dibuja un poco más con el lápiz 2H el iris, antes de oscurecerlo con el lápiz B y rellenar la pupila con cuidado. A continuación, usa el B para crear una sombra oscura sobre la parte superior del iris (la que provoca la ceja) y rellenar la parte interior del ojo. Oscurece la trufa y la línea del morro. Por último sombrea la parte inferior de la barbilla y el cuello.

https://youtu.be/
t2421kCOsQU

5 Añadirle profundidad. Continúa aportándole profundidad al pelaje con el lápiz B. Oscurece la roca desde delante y haz que poco a poco se vaya desvaneciendo cuando pasamos por la mitad hacia atrás. Profundiza la sombra de la pezuña del suricata. Con el lápiz B bien afilado, incorpora otra capa al pelaje. Cuando puedas observar que el lápiz B ya no oscurece y que parece que se ha hecho resistente a la superficie de la cartulina, sácale punta a un lápiz 3B y vuelve a oscurecer el pelaje de cabeza a pezuñas. Una vez más emplea la goma moldeable para ampliar o crear los reflejos a medida que avanzas.

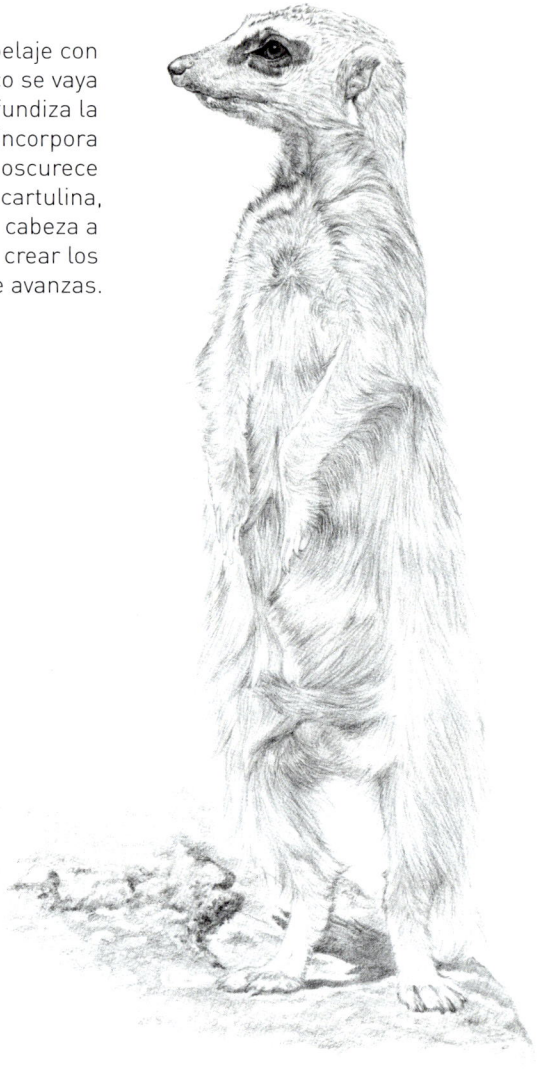

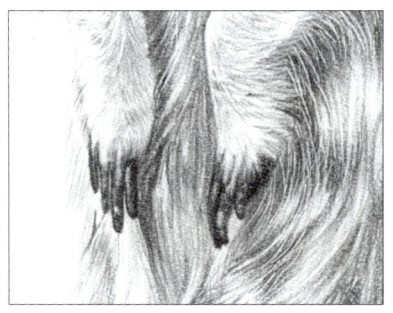
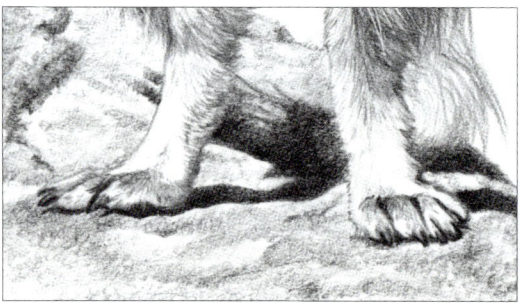

6 Sombras. Sigue ennegreciendo las sombras del pelaje con el 3B, sobre todo las sombras de las patas delanteras sobre el cuerpo. Añádele mayor profundidad al pelaje, pues servirá para resaltar aún más los reflejos.

Detalles. Aporta textura a la roca y realza la sombra de detrás del suricata. Haz los detalles con el lápiz 3B sobre las pezuñas y las uñas, oscureciendo donde sea apropiado; observa las fotografías de cerca para apreciar bien los detalles. La punta del lápiz debe estar bien afilada para ir completando esas zonas.

El resultado final

21 x 30 cm (8 ¼ x 11 ¾")

Lápiz de grafito sobre cartulina blanca lisa

Por último, sácale punta a un lápiz 6B y repasa las zonas oscuras, ya que se trata del último paso. Observa en todo momento la fotografía original y utiliza el blanco del ojo para ayudarte a equilibrar el resto de las zonas oscuras del dibujo. Oscurece la sombra que proyecta el suricata lo máximo posible, pero con lentitud y suavidad, sin ejercer demasiada presión, ya que lo único que conseguirías son brillos. Aléjate del dibujo y obsérvalo con mente crítica cuando lo hayas acabado. ¡Ahora ya te puedes tomar una merecida bebida refrescante mientras lo observas!

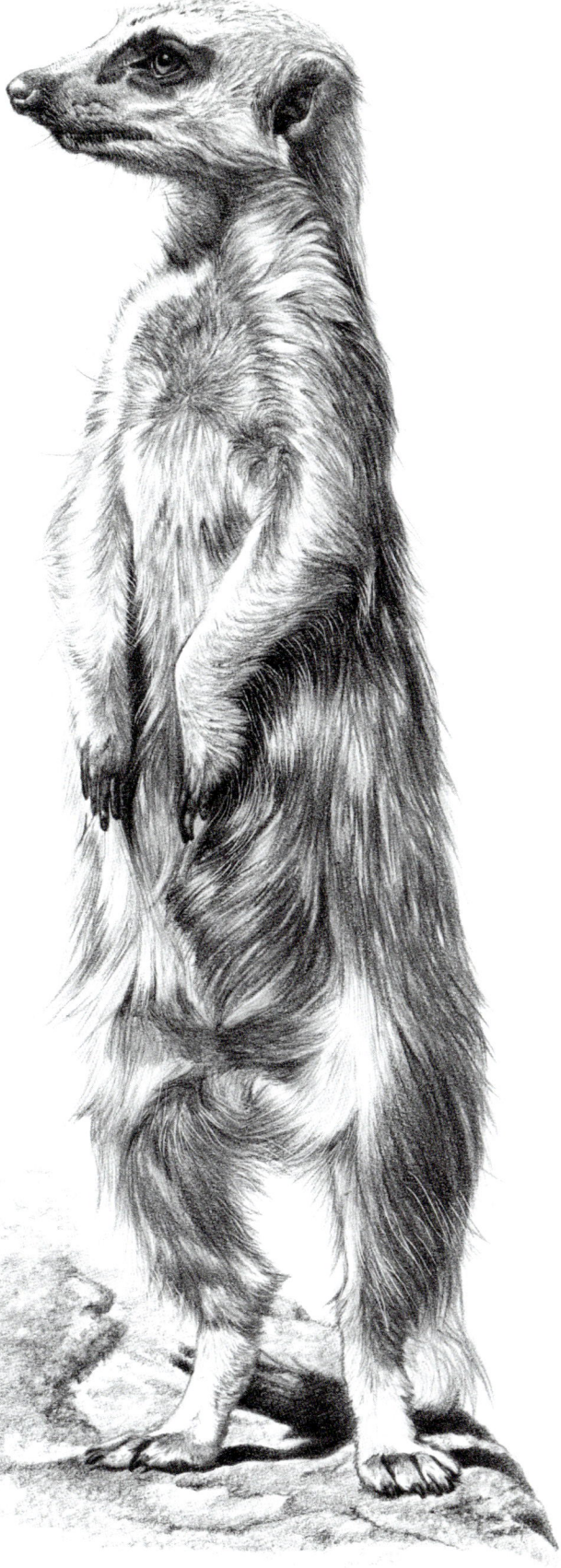

El elefante

El elefante es un animal increíble, con un cerebro repleto de mapas creados por las interminables rutas que han pasado de generación en generación. Los adultos son inmensos pero majestuosos. Las crías son como payasitos que van de aventura en aventura. Nos preocupa que una cría sea separada de su madre y nos alejamos cuando las vemos juntas. Lloramos con los elefantes la pérdida de un familiar y empatizamos con su pena, humanizando su conducta. ¡Nos recuerdan mucho a los humanos, pero con mucha más memoria!

MATERIAL

Cartulina blanca lisa de 42 x 30 cm (16 ½ x 11 ¾")

Lápices de grafito 2H, B, 3B y 6B

Sacapuntas

Goma moldeable

Papel para apoyar la mano

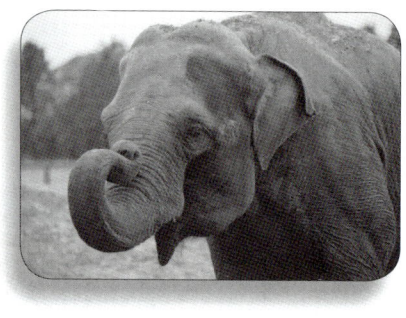

1 Contorno. Empieza dibujando el contorno con el método que hayas elegido, ya sea la cuadrícula, el calcado o haciendo el dibujo a mano alzada. Aquí lo he dibujado sobre una cartulina blanca de 42 x 30 cm (16 ½ x 11 ¾"), mientras el dibujo ocupa unos 30 x 21 cm (11 ¾ x 8 ½") en el centro. Antes de empezar me he puesto un trozo de papel bajo la mano para evitar que el grafito se corra.

2 Luz. Antes de empezar a crear el tono, hay que observar la luz que entra en la fotografía desde la derecha. Significa que la sombra sobre todo recae en el lado izquierdo del animal, sobre las patas y en las zonas recesivas, como la barbilla y el cuello.

Piel. Emplea un lápiz bastante afilado del 2H para dibujar el trabajo preliminar de líneas, arrugas y grietas que conforman la piel del elefante. Dedícale tiempo a interpretar cómo se distribuyen los músculos y los huesos debajo de la piel e influyen en lo que vemos. Observa cómo las líneas se curvan en los lugares redondeados, como los hombros, el pecho y el tronco. Cuando hayas cubierto toda la zona una vez, vuelve a repasarla pero con un poco más de presión. Afila bien la punta para añadir algunas sombras suaves que ilustrarán mejor las curvas. Presta especial atención a la frente, la mejilla, la oreja, el hombro y el lomo.

3 Sombreado inicial. Sácale punta a un lápiz B y repasa el elefante, oscureciendo las líneas y las arrugas, y empieza a profundizar en las sombras de las curvas para realzarlas. Oscurece la sección donde sobresale la mandíbula, por encima del cuello y el pecho, y donde el hombro se junta con la parte superior de las patas. Mantén la parte trasera más clara y deja que las zonas más alejadas se fundan en la distancia con toques muy suaves de lápiz.

https://youtu.be/
fQNPJhYFdF0

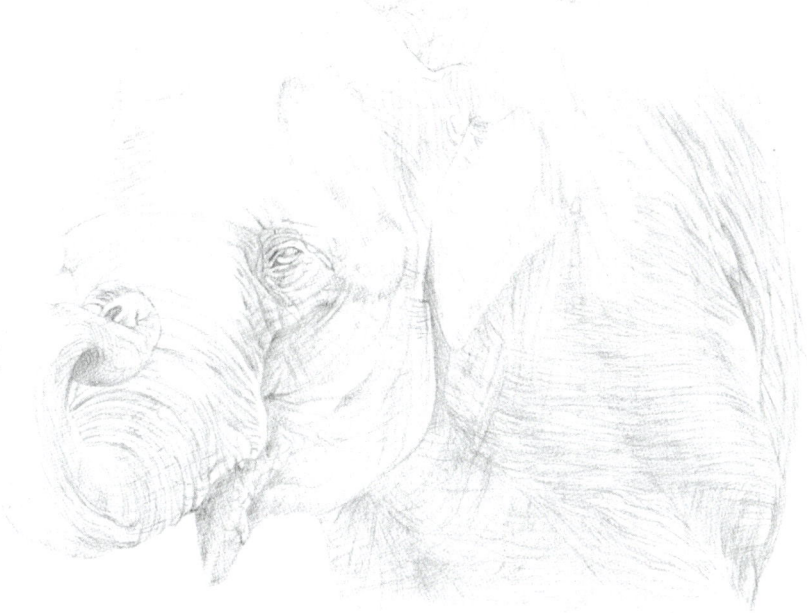

4 **Crear el tono.** Sácale punta a un lápiz del 3B y empieza a oscurecer la zona de los ojos un poco más. Te ayudará a conseguir un tono más negro a partir del que trabajar, así como a calibrar cuánta profundidad se le puede dar a las sombras. Tendrás que ir trabajando progresivamente con el 3B, con la punta bastante afilada, hasta completar la cabeza primero. Has de continuar hacia el lomo, y procura mantener las zonas más alejadas del elefante más claras. Observa en todo momento la fotografía inicial para garantizar que las líneas y las arrugas se doblan bien siguiendo las curvas del cuerpo. Intenta ignorar las hojas o cualquier suciedad que pueda haber sobre el lomo del elefante. ¡A lo mejor se acababa de dar un buen baño en el lodo!

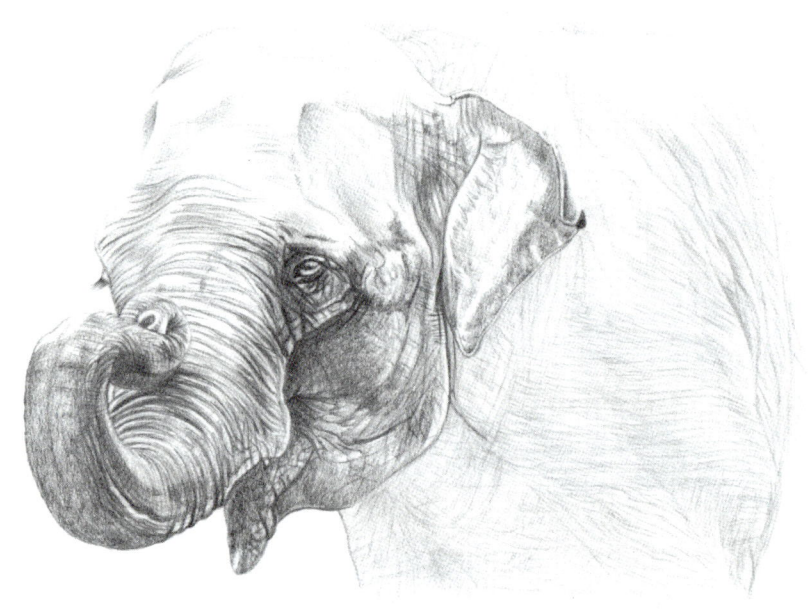

https://youtu.be/
LfktYsB-jVl

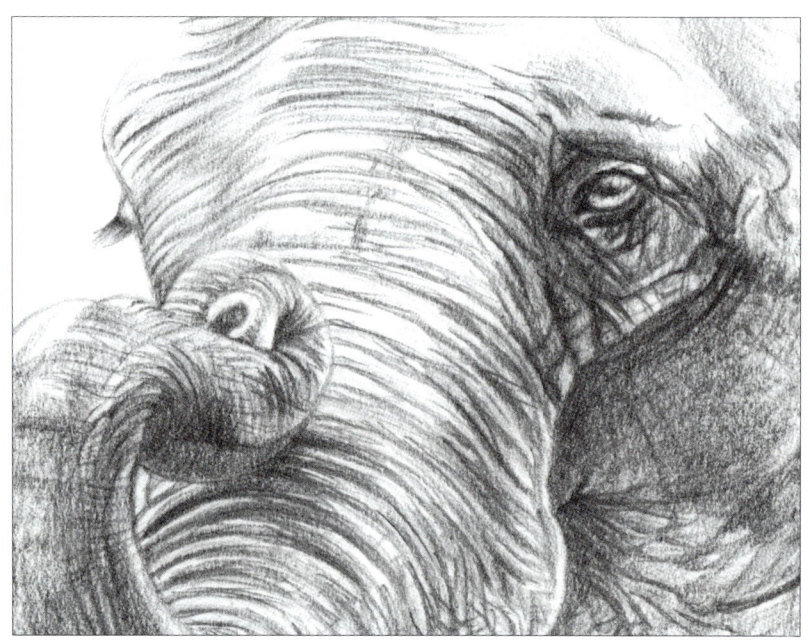

5 **Recrear la piel.** Sácale punta a un lápiz del 6B y empieza a oscurecer la piel del elefante un poco más. Aunque repasar el dibujo con ese lápiz marcará la diferencia al realzar los tonos oscuros, hay que tener presente que se trata de un lápiz blando muy granulado; si lo usas en exceso, puedes perder los detalles que has creado anteriormente. Dicho esto, cuanto más oscura puedas dibujar la parte frontal del elefante debajo de la barbilla, más resaltará la cabeza. Utiliza el lápiz sin presionar demasiado, ya que si no saldrán brillos y no podrás añadir más grafito en esa zona.

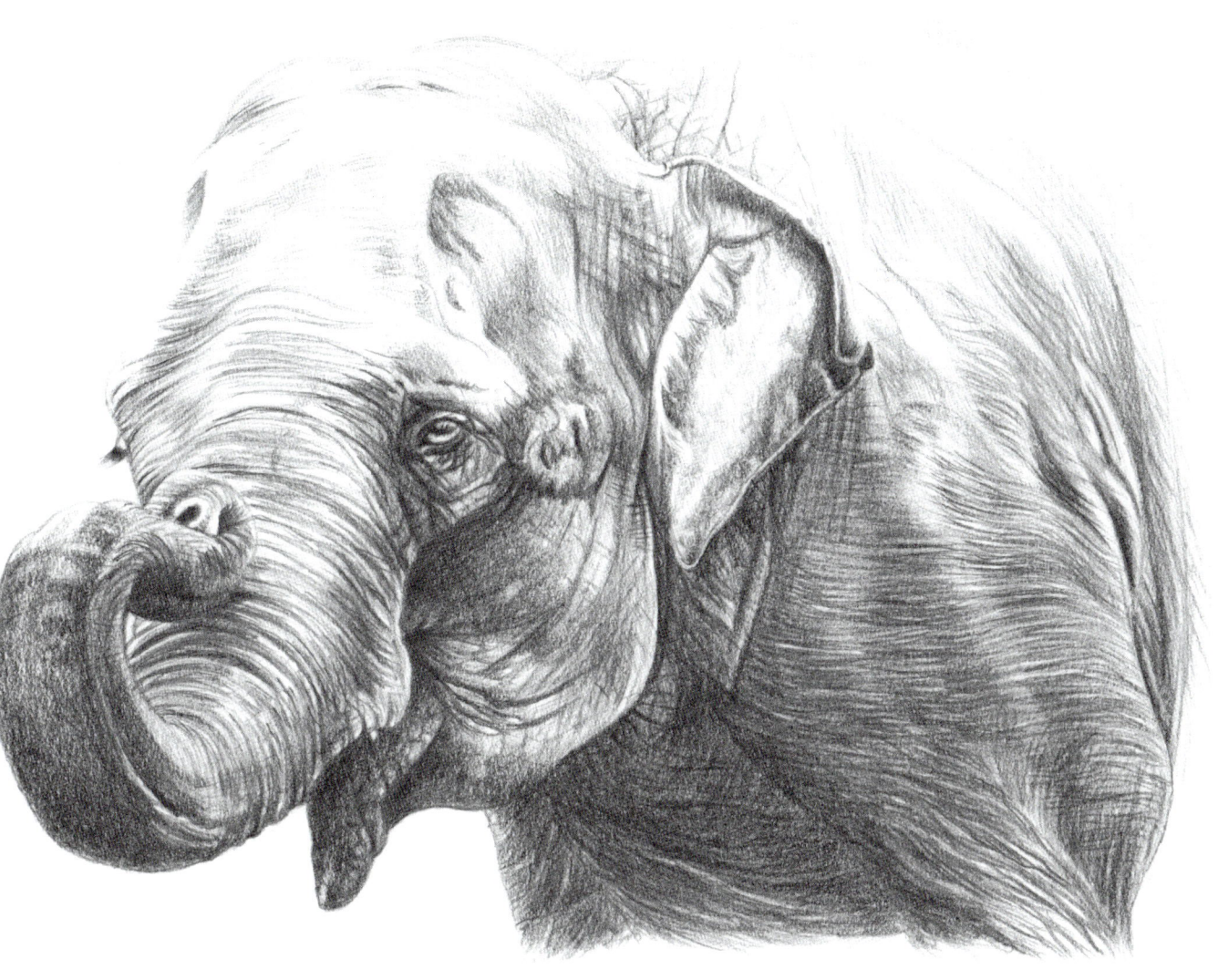

El saludo

30 x 21 cm (11 ¾ x 8 ¼")

Lápiz de grafito sobre cartulina blanca lisa

En la fase final continúa repasando el cuerpo del elefante, oscureciendo las líneas y las arrugas y profundizando un poco más en las partes sombreadas. Si ves que estás perdiendo los detalles, utiliza la goma para eliminar el lápiz sobrante. La goma también te puede servir para hacer brillos si es que han desaparecido. El dibujo final debería parecerse a éste que he incluido arriba. Podrás observar que he añadido dos o tres capas de lápiz 6B por todo el cuerpo.

El tigre

El tigre es uno de los felinos más populares, y también uno de los que suponen mayor reto a la hora de dibujarlos o pintarlos. Es muy fácil perderse al intentar reproducir las rayas y es complicado que queden bien, mientras se mantiene la forma y la estructura de la cabeza.

Por ello, para plasmar este animal es necesaria una gran planificación. Cuanto más tiempo le dediques a la observación y al estudio de la fotografía de referencia antes de ponerte manos a la obra, más fácil te será completarla. He utilizado la cuadrícula para ampliar mi fotografía de referencia para que el contorno del animal se acercase al tamaño 30 x 42 cm (11 ¾ x 16 ½") en vez de 21 x 30 cm (8 ¼ x 11 ¾"), que resulta demasiado pequeño y difícil de trabajar.

Truco

*D*escansa la mano en un trozo de papel para evitar que el grafito provoque manchas y conseguir que los blancos de la cartulina permanezcan inmaculados.

MATERIAL

Cartulina blanca lisa de 30 x 42 cm (11 ¾ x 16 ½")

Lápices de grafito 2H, 2B, 3B, 6B y 9B

Sacapuntas

Goma moldeable

Aguja de hacer punto

Papel para apoyar la mano

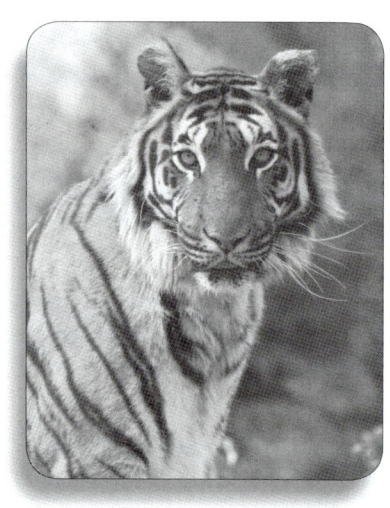

1 **Contorno.** Repite los pasos de las páginas 23 y 24 para hacer la cuadrícula sobre la cartulina con un lápiz 2H muy suavemente. Así podrás borrar después las líneas cuando ya no las necesites. Empieza por la oreja del lado izquierdo del dibujo (el punto más alto de la imagen), determina bien dónde empezar a dibujarla en la cartulina y copia todos los detalles que veas dentro del cuadrado. Comprueba una y otra vez el mismo número de cuadrados entre cada parte, por ejemplo entre los ojos y la mandíbula. Comprueba el número de cuadrados en el papel con el número de la cuadrícula. Así garantizarás que has copiado bien el contorno antes de añadir los detalles. Con una goma borra las líneas de la cuadrícula antes de continuar.

Bigotes marcados. Con una aguja de hacer punto marca los bigotes en la cartulina; empieza por la raíz y termina en las puntas. Has de tener mucha seguridad, ya que después no los podrás corregir, así que practica antes en algún trozo de cartulina que tengas. Cuando empieces a sombrear esa zona, usa un lápiz blando 2B con cuidado de no dejar caer la punta del lápiz en las zonas marcadas, ya que es muy difícil retirarlo después. Los bigotes marcados empezarán a sobresalir del fondo cuando vayas dibujando.

2 Fondo. Crea un fondo ligero detrás del tigre con trazos suaves del lateral del lápiz 2B (sin aplicar directamente la punta para no ejercer demasiada presión). Dibuja poco a poco en diagonal a través de la cartulina, desde la esquina superior izquierda hacia la esquina inferior derecha (si eres zurdo empieza por la esquina superior derecha y desciende hasta la inferior izquierda, ya que tus movimientos serán más naturales). A continuación emplea un lápiz 3B con la punta plana y repasa la misma zona con movimientos circulares suaves, ejerciendo con poca presión. Cuanto más plana esté la punta, mejor quedará.

Fusionar. Con el dedo seco difumina el fondo con pequeños movimientos circulares y después con un lápiz 6B oscurécelo un poco más, para empezar a crear profundidad. Debes ser más selectivo en las zonas en las que lo emplees. Recuerda que la luz entra en el dibujo por la izquierda; observa la fotografía de referencia.

Oscurecer. Emplea una barra de grafito del 9B para oscurecer el fondo aún más si cabe, sobre todo en la zona inferior. Presiona la goma moldeable sobre el fondo con suavidad para crear una luz más clara y aportarle mayor interés.

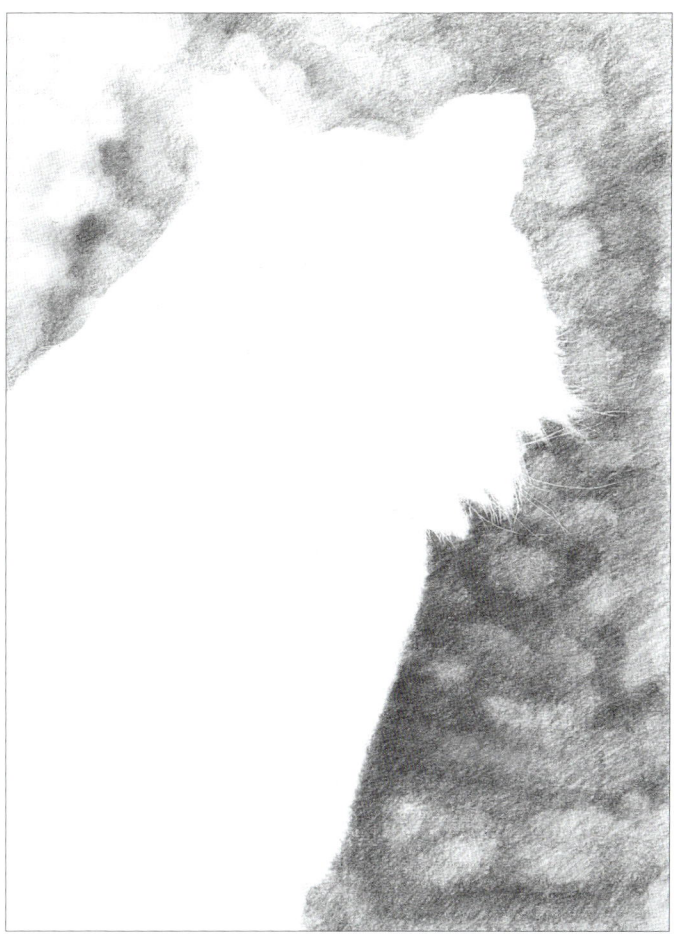

3 Rayas. Con un lápiz 2H con la punta bien afilada, empieza a dibujar las rayas Empieza por la parte superior de la cabeza del tigre, así te será más fácil saber dónde estás en cada momento. Trabaja desde la raíz hasta la punta, dibujando los pelos con atención en la dirección del pelo y creando las rayas. Asegúrate de dejar las áreas blancas sin tocar siempre que sea posible, y no te olvides de rellenar la parte interior de las orejas.

Pelaje. Cuando hayas acabado con las rayas, empieza a añadir pelaje más oscuro entre ellas. Ten en cuenta dónde cambia de oscuro a claro y sigue la dirección del pelo.

Truco

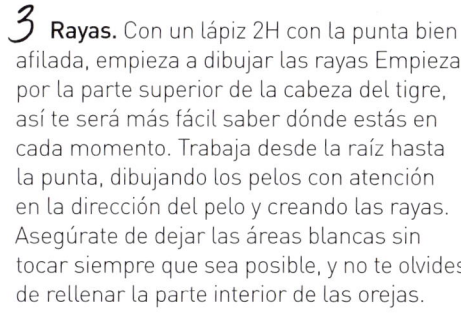

*E*s muy fácil equivocarse en este punto, así que conviene tomarse todo el tiempo que sea necesario y hacer descansos regulares. Si te alejas un poco del dibujo, podrás ver el fallo con más precisión y arreglarlo antes de que el dibujo esté más avanzado.

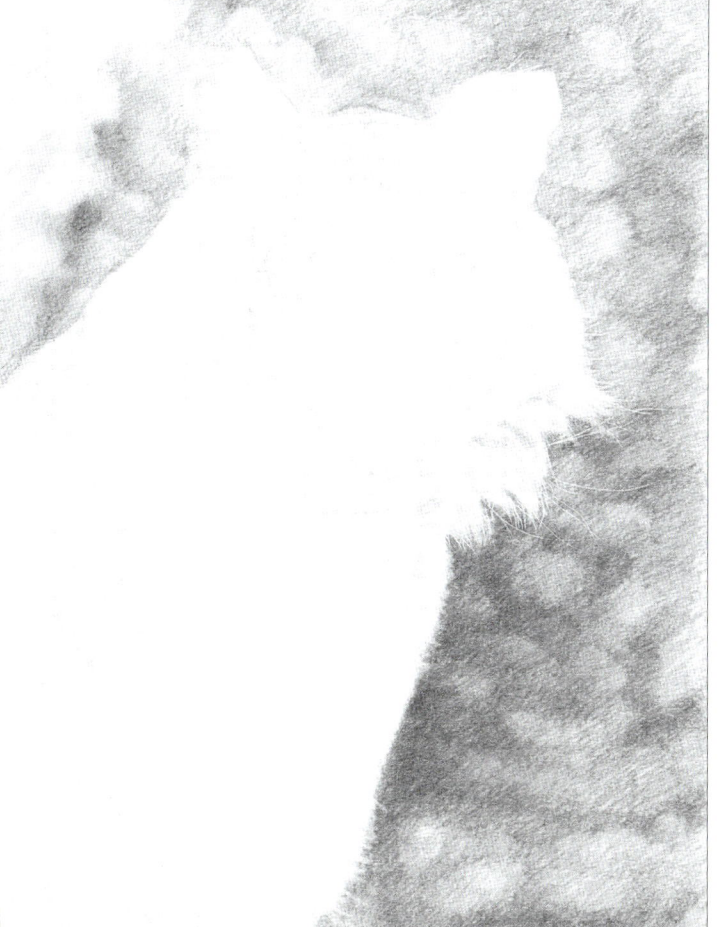

4 Ojos. Con un lápiz afilado del 2H empieza a darle sombra al iris. Ten en cuenta las marcas de ambos ojos y observa cómo se conforman de pequeñas líneas. Alterna el trabajo entre un ojo y el otro para lograr un equilibrio.

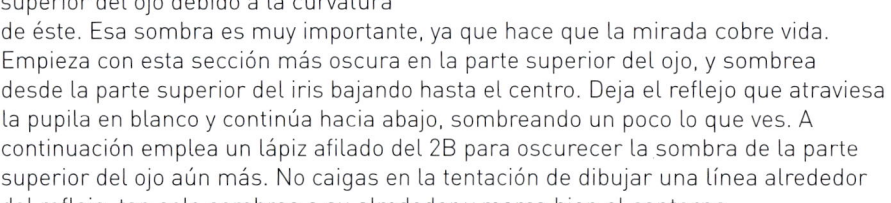

Sombras. Las pestañas siempre proyectan una sombra en la parte superior del ojo debido a la curvatura de éste. Esa sombra es muy importante, ya que hace que la mirada cobre vida. Empieza con esta sección más oscura en la parte superior del ojo, y sombrea desde la parte superior del iris bajando hasta el centro. Deja el reflejo que atraviesa la pupila en blanco y continúa hacia abajo, sombreando un poco lo que ves. A continuación emplea un lápiz afilado del 2B para oscurecer la sombra de la parte superior del ojo aún más. No caigas en la tentación de dibujar una línea alrededor del reflejo, tan solo sombrea a su alrededor y marca bien el contorno.

Iris. Sombrea el iris de ambos ojos desde el borde hacia el centro. Después, con un lápiz del 6B con buena punta oscurece el párpado y la zona del ojo alrededor y fuera del iris. Rellena la pupila dejando los bordes sin gran definición y oscureciendo la sombra de la ceja un poco más en la parte superior. Oscurece las marcas de los ojos donde sea conveniente. Ten cuidado de no aplicar demasiada presión con el 6B o empezarán a aparecer brillos difíciles de eliminar después. Por último, con un lápiz de grafito del 9B con buena punta oscurece la pupila y el contorno del ojo un poco más. De nuevo realízalo con cuidado, ya que produce un efecto granulado que puede hacer perder parte de los detalles que has creado antes.

https://youtu.be/
AXhfhxRRrNI

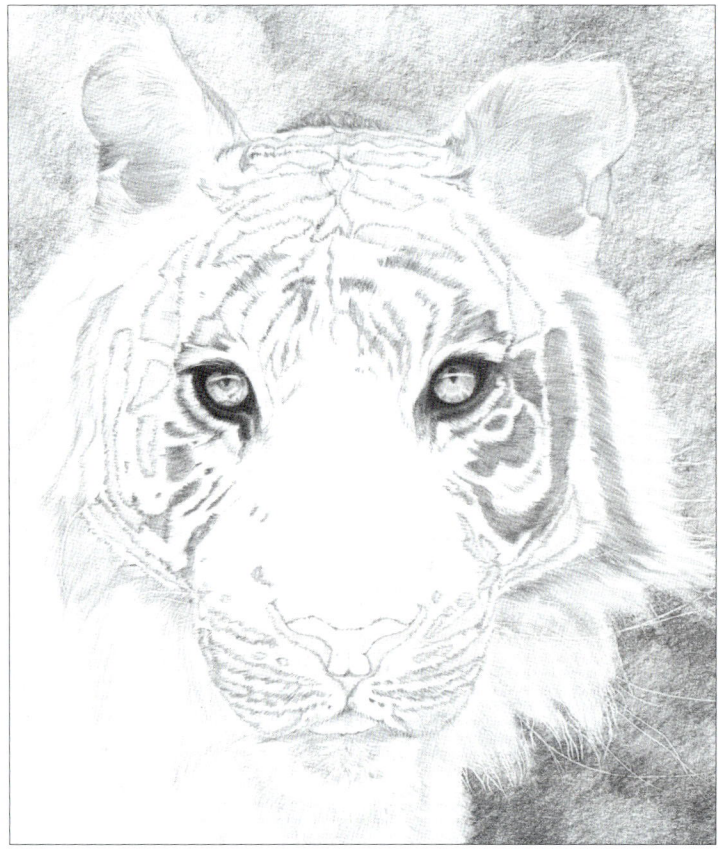

5 Oscurecer las rayas. Ahora que ya has acabado los ojos tendrás una guía para oscurecer las rayas. Lo mejor es realizarlo de forma gradual, con varias suaves capas de lápiz. Presionar con un lápiz de una gama más alta lo único que hará es crear brillos, sin otorgarle profundidad al dibujo. Emplea el 2B para crear las formas que representan las rayas antes de rellenarlas. Así evitarás ampliar las rayas mientras les das tono y también evitarás que el tigre acabe con la cara torcida. Es muy fácil dejarse llevar por las rayas y perder la perspectiva. Por eso es muy importante seguir la estructura ósea y muscular que le da esa cara tan fascinante al tigre. Continúa dibujando la cara con detenimiento para rellenar las zonas correctas. Ten en cuenta que la longitud del pelo cambiará cuando hayas completado el pelaje de los laterales de la cabeza. Oscurece las partes interiores de las orejas.

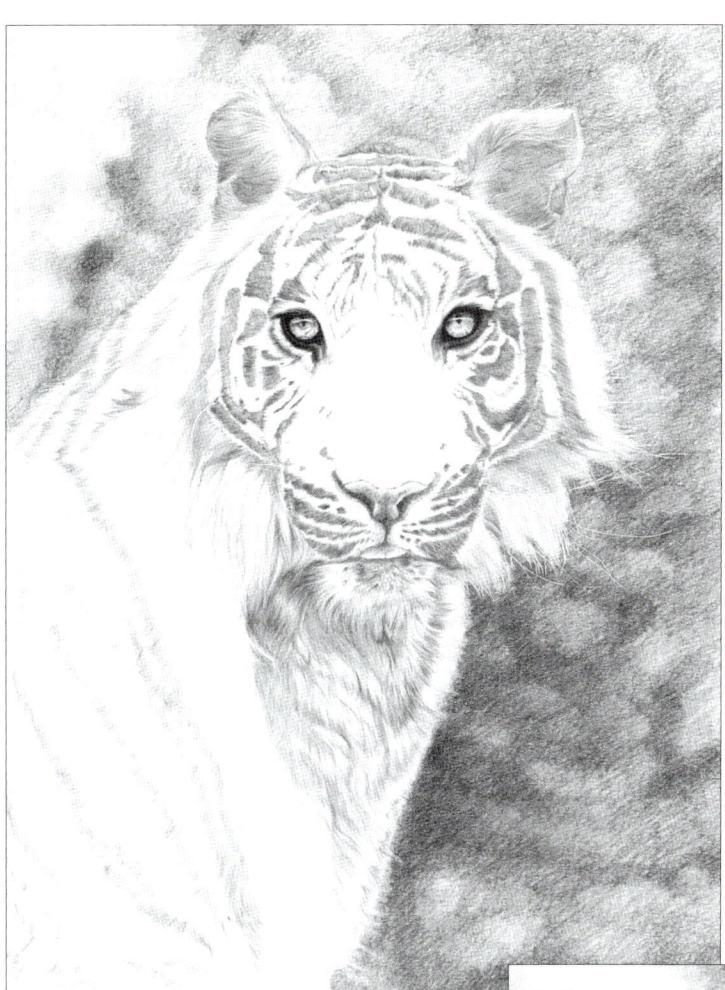

6 Añadir profundidad. Continúa dibujando el tigre con el lápiz 2B con la punta bien afilada. Apórtale profundidad a la trufa y empieza a insertar la capa con lápiz 2H en la barbilla, el cuello y el pecho. Mantén siempre la visa en la fotografía original para observar la dirección del pelo. Oscurece las rayas del cuello y empieza a trabajar hacia el hombro y el pecho.

https://youtu.be/
QVOV7rGN0fg

7 Rasgos. Ahora utiliza el lápiz 2H con buena punta para dibujar los pelos de la trufa. Se trata de una parte compleja que requiere paciencia, así que ¡tómate un descanso cuando te apetezca! Cuando ya hayas añadido los rasgos de la trufa, oscúrecela aún más con un lápiz 2B. Observa que los pelos que van hasta la frente doblan su largo, sobre todo en el arco de la nariz. También hay unas cicatrices en la nariz que le confieren parte de su personalidad única. Con un 2B oscurece el pelaje entre las zonas blancas alrededor de los ojos, la frente y el hocico.

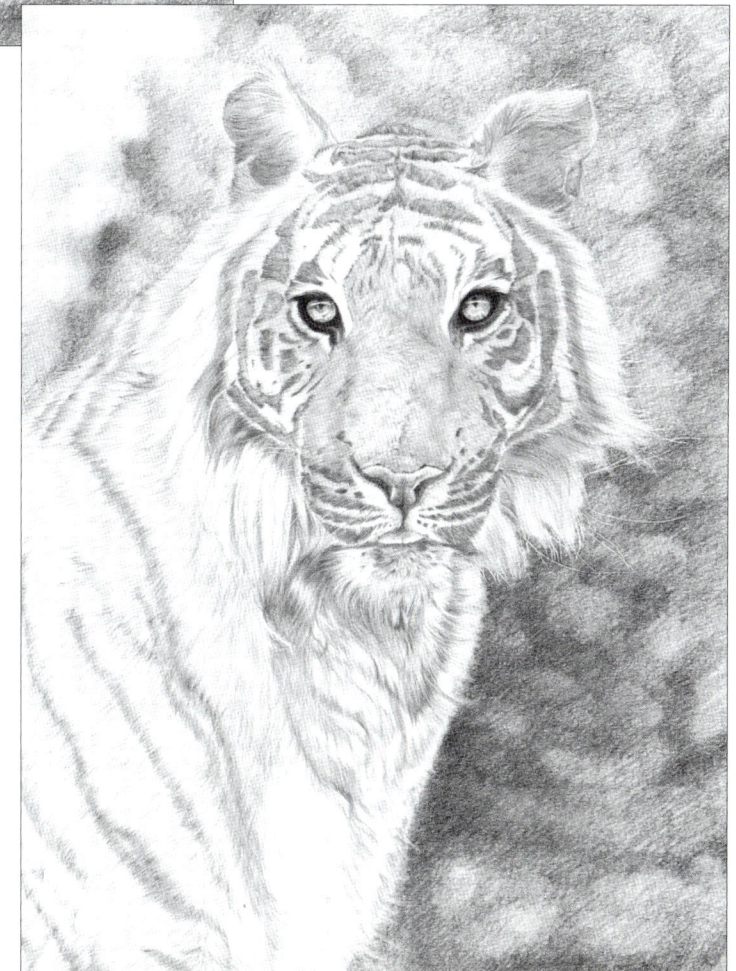

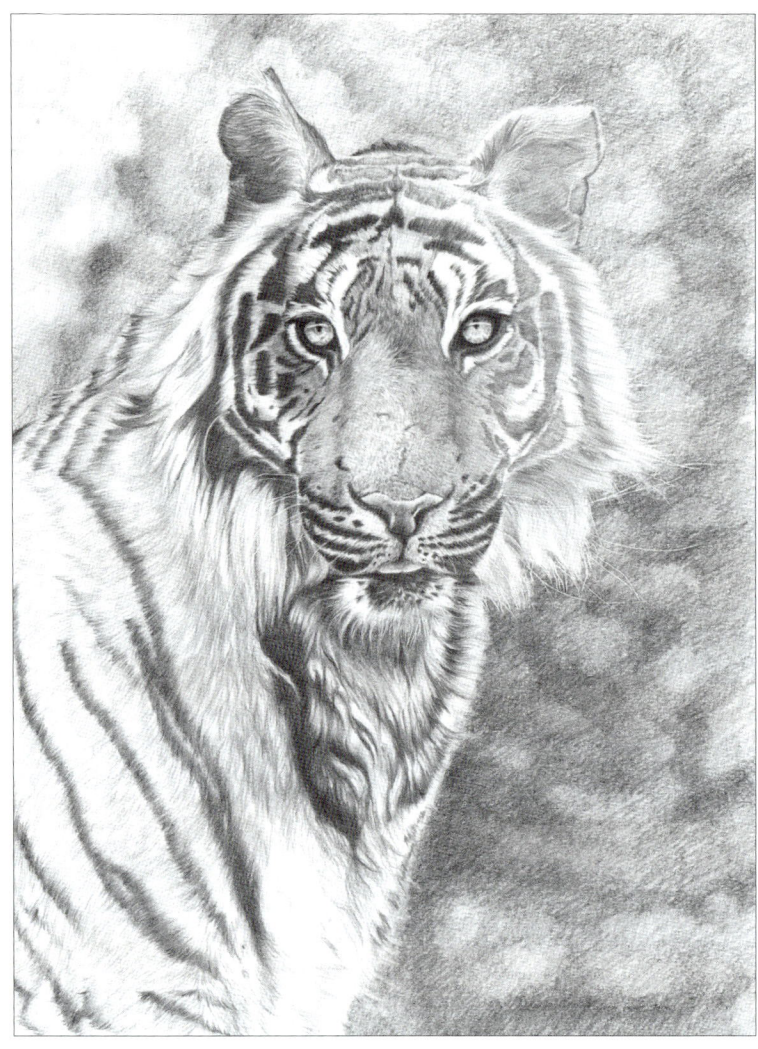

8 **Crear impacto.** Ahora tienes que crear ese impacto que sorprenda al espectador. Sácale punta al lápiz 6B y ennegrece las rayas de la cabeza para que igualen la profundidad de los ojos. Tómate el tiempo necesario y no te olvides de oscurecer también el hocico, las rayas del cuerpo y el pelaje del pecho. El dibujo principal (a la izquierda) muestra el lado izquierdo de la cara del tigre (a la derecha del dibujo), que todavía tiene que oscurecerse más con el lápiz del 6B, lo que ilustra la importancia que tiene esta última capa en el dibujo final.

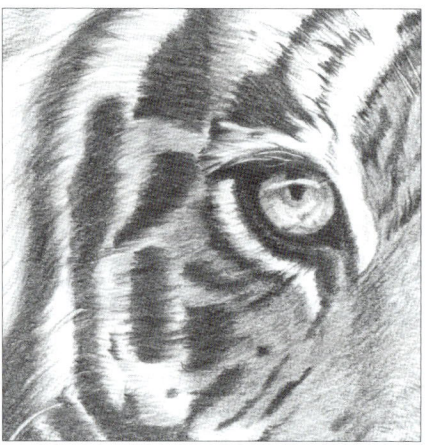

Este primer plano del ojo derecho del tigre muestra la importancia de fijar bien la dirección del pelaje: el ojo resigue el contorno de la cara creado por el pelo. La profundidad de los tonos intermedios entre las zonas blancas de pelo tiene que ser suficiente como para hacer resaltar el blanco sin ser tan oscuro como para asemejarse a las rayas negras.

https://youtu.be/
uH9Bz9GuYsY

Página siguiente
Independiente
30 x 42 cm (11 ¾ x 16 ½")

Lápiz de grafito sobre cartulina blanca lisa

Al llegar al final del dibujo, continúa trabajando en torno al tigre con el lápiz 6B para oscurecer el pelo entre las rayas negras del lomo y los hombros. También puede aplicarse una barra de grafito del 9B para oscurecer aún más alguna zona. Ahora bien, hay que recordar no apretar demasiado, pues los puntos oscuros se podrían volver brillantes y difíciles de ver. Mantén la punta del lápiz 6B bien fina y repasa la zona entre los bigotes blancos de las mejillas para oscurecer el pelaje y hacer que destaquen más. Si los bigotes no son lo bastante anchos o no sobresalen, utiliza la punta de una goma eléctrica (sin ponerla en marcha) para borrar un poco la raíz del bigote y borrar de forma selectiva para poder ensancharlo. Ilumina el fondo haciendo rodar la goma moldeable (puedes darle forma de pelota) y eliminar el grafito donde se requiera. Oscurece la parte izquierda del hocico del tigre (a la derecha del dibujo) donde se forma una sombra. Ensalza la profundidad de las pupilas y utiliza una goma de borrar a la que le hayas dado forma de punta para iluminar los reflejos de los ojos. También puedes utilizar la goma moldeable para blanquear otras zonas que deban destacar. Solo te resta firmar tu obra maestra.

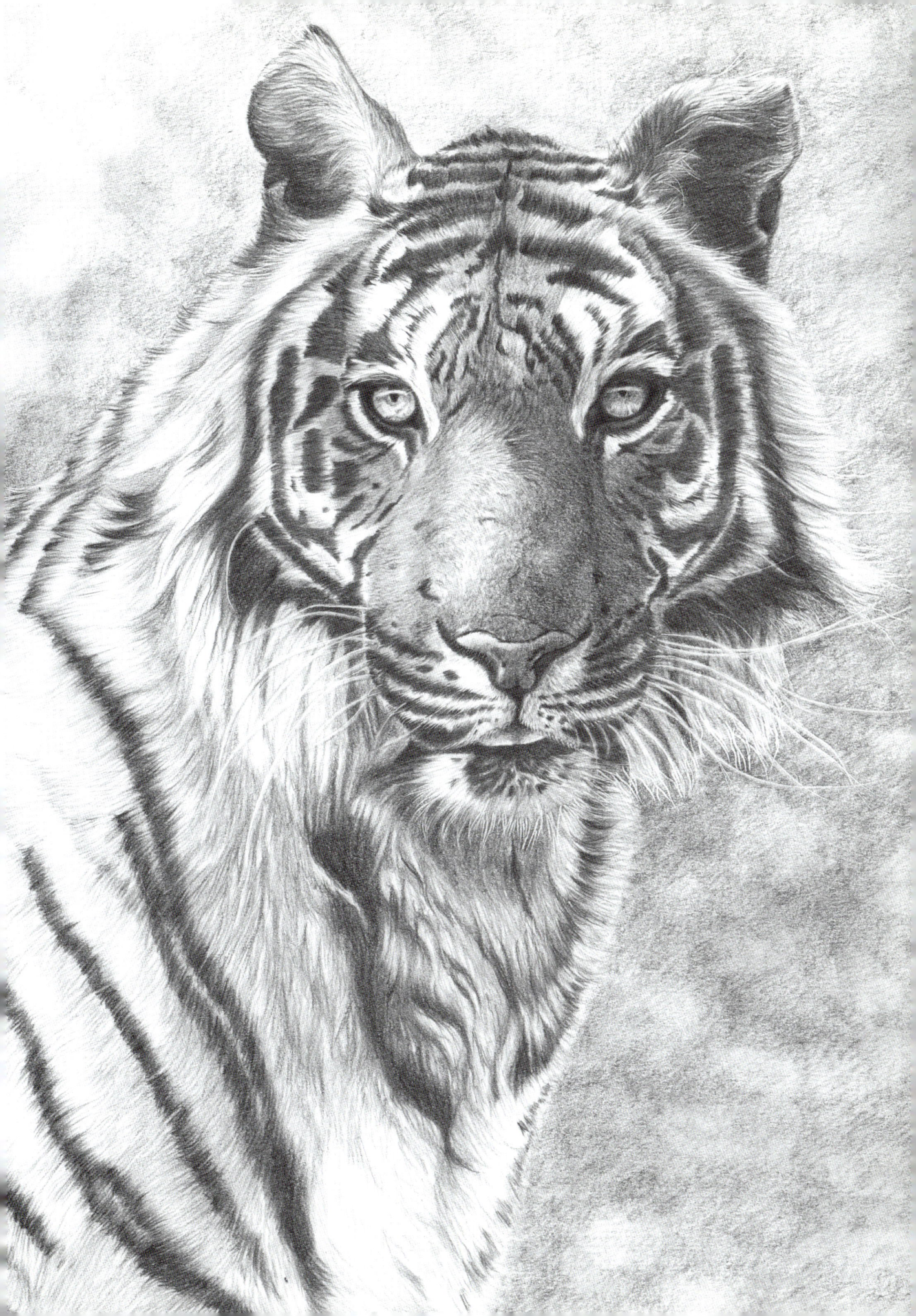

El guepardo

El guepardo es el felino más elegante que existe. Siempre distante y esbelto pese a tener la potencia necesaria como para correr a 97 km/h (60 mph) sin casi necesitar carrerilla. A diferencia de los leones, prefieren cazar durante el día y utilizar su velocidad para capturar a sus presas por sorpresa.

Como madre, la hembra guepardo es tan devota como el resto de los felinos, y pueden tener una camada de hasta tres crías que crecen con ella hasta los dos años. Sin embargo, los criará sola, sin el apoyo de otros guepardos, a diferencia de los leones que tratan a los cachorros como si fueran tíos adoptivos. El guepardo tiene una pose elegante que lo hace muy singular.

MATERIAL

Cartulina blanca lisa de
  30 x 42 cm (11 ¾ x 16 ½")
Lápices de grafito 2H, B, 3B y 4B
Sacapuntas
Aguja para bordar
Papel para apoyar la mano

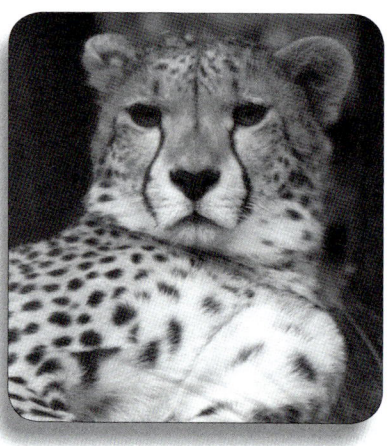

/ Contorno. En primer lugar traza el contorno con el método que hayas elegido: la cuadrícula o a mano alzada. Deberá tener un tamaño aproximado de 21 x 30 cm (8 ¼ x 11 ¾") y estar dibujado en el centro de una cartulina blanca lisa de 30 x 42 cm (11 ¾ x 16 ½") con un lápiz del 2H. No presiones fuerte al delinear el contorno, ya que así podrás borrar los errores con facilidad y rectificarlos. Mantén un trozo de papel debajo de la mano para apoyarla mientras trabajas y evitar borrones.

2 **Sombreado.** Antes de empezar a hacer el sombreado decide dónde quieres hacer las marcas de los bigotes del guepardo. Los lugares clave son los vigores blancos sobre las mejillas, la barbilla y la boca; señala unos pelos cortos también sobre las pestañas superiores, por encima de los ojos. Con la aguja de bordar marca la cartulina. Trabaja con lentitud y precisión.

Marcas. Continúa con el lápiz 2B bien afilado y empieza a bajar desde la parte superior de la cabeza del animal; completa las manchas poco a poco, copiando la dirección del pelaje de la fotografía de referencia. Al ir bajando por la cara y el cuerpo, tienes que ir mirando siempre la referencia para observar si se produce algún cambio en la dirección y la longitud del pelo. Es importante que el pelaje muestre la dirección adecuada, ya que el felino está tumbado y la estructura ósea determinará mucho el resultado. Dibuja la pelusa de la parte interior de las orejas y empieza a añadir una capa fina de pelaje entre las manchas. Deja zonas muy claras de pelaje sin tocar para que después destaquen. Resalta los ojos y rellena las marcas del bigote que habías señalado en la cara. Sombrea las pupilas y mantén los bordes gruesos; añade un poco de grafito 2H al iris en ambos ojos. Observa con detenimiento en qué puntos se ilumina el iris y sombrea de forma conveniente. No te olvides de añadir la sombra que proyecta la ceja encima de la parte superior del iris y deja los reflejos de las pupilas sin tocar.

https://youtu.be/
THAUMxzy_Ng

3 **El tono.** Sácale punta a un lápiz B y empieza a oscurecer los ojos. Con trazos suaves y curvados, añade una sombra oscura en la parte superior del iris de ambos ojos; añade mayor profundidad en las pupilas también. Refuerza las líneas exteriores del contorno del ojo y acentúa los pelos que sobresalen por encima de éstos, en las cejas. Cuando sientas que ya no puedes oscurecerlo más con el B, y que parece que se desliza demasiado sobre la superficie de la cartulina, cambia a un lápiz del 3B y repite el proceso desde el principio de nuevo para profundizar en los ojos. Dedícale el tiempo y el cuidado necesario para plasmar los pelos de las cejas, manteniéndolos bien definidos. La zona de abajo ha de estar más oscura para que queden realzados. ¡Si se hace bien es muy efectivo!

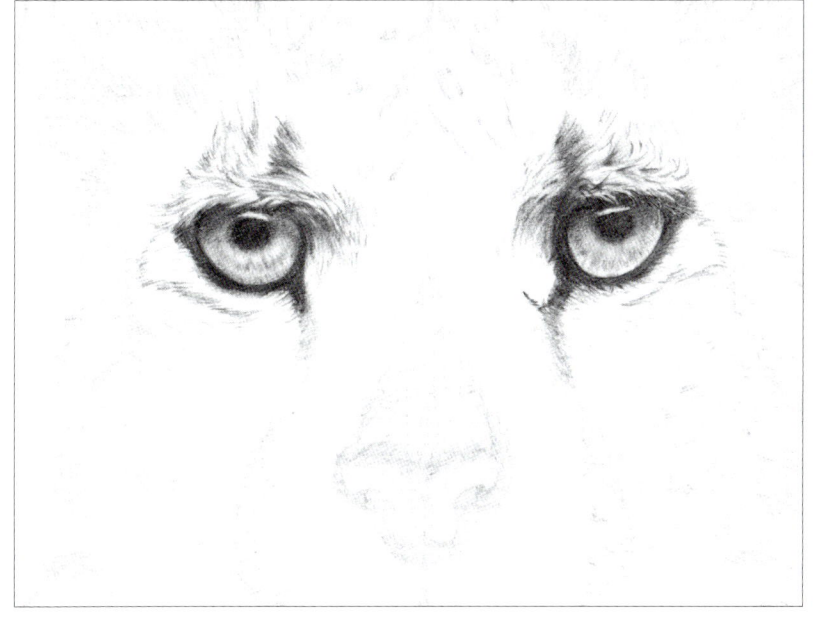

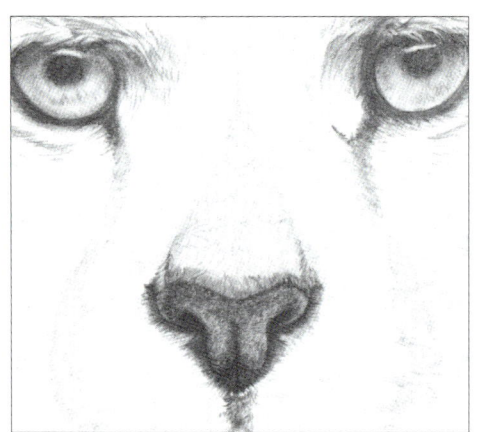

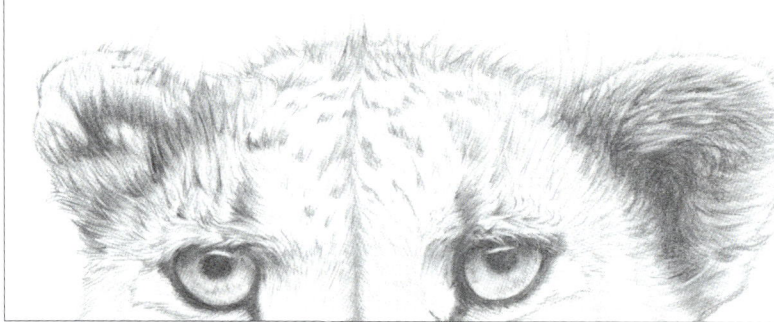

4 **Trufa.** Ahora usa un lápiz B bien afilado para ennegrecer la trufa. Comprueba primero que el contorno sea correcto; rellena los agujeros poco a poco hasta que se vayan oscureciendo. A continuación profundiza en los tonos oscuros de la trufa en sí con el lápiz, que ahora ya no tendrá tanta punta, con movimientos circulares para aportarle textura. Sigue consultando la foto de referencia para plasmar cualquier detalle. Cuando sientas que tienes que presionar más con el lápiz B, quiere decir que ha llegado el momento de cambiar al 3B. Si continuaras con el B solo conseguirías crear más brillos sin profundizar. Repite el proceso de oscurecimiento que hiciste anteriormente con el lápiz B.

5 **Orejas.** Vuelve a la cabeza de nuevo y empieza a colocar los pelos más oscuros en la parte superior con un lápiz B bien afilado. Trabaja en la cara hasta llegar a las cejas. Mantén la punta bien afilada. Es el momento de añadir pelos más oscuros en la base de la oreja izquierda del felino; repasa el contorno de todo el borde exterior de la oreja, con pequeños pelitos entremezclados con pelos un poco más largos. El siguiente paso es dibujar los pelos dentro de las orejas; estudia la referencia para observar bien la dirección del pelo. Añade unos trazos con lápiz B en la parte interior de la oreja, oscureciendo el centro al máximo. Cambia al lápiz 3B para ennegrecer el centro un poco más hasta que consiga la profundidad de las pupilas. Añade unos pelos oscuros más largos en la base de la oreja, cerca de la parte superior de la cabeza y ladéalos un poco hacia delante con un movimiento fluido. La oreja del felino está un poco inclinada hacia atrás, así que en realidad estamos viendo la oreja casi del revés. Ten en cuenta que la oreja está en modo de escucha. Complétala con los lápices B y 3B como hemos hecho antes.

https://youtu.
be/92gGnHGSBTo

Truco

Si un rasgo en concreto se te resiste (quizá porque en la fotografía de referencia está demasiado oscuro), utiliza un libro o busca imágenes en internet que enfoquen bien la zona que necesitas.

6 **Pelaje.** Sigue bajando por la cara con un lápiz B con buena punta, ennegreciendo las líneas del lagrimal, la boca y la barbilla hasta llegar al cuello, rellenando todas las manchas a medida que progresas. Colorea las manchas con cuidado con el lapicero, y verifica con el original que se mantiene la forma de la cara. Cuando llegues al pelaje del pecho, haz los trazos largos con el lápiz para que fluyan y creen la sensación de pelos más largos. El dibujo en este paso muestra la cabeza a la que solo se le ha añadido lápiz B, mostrando la diferencia que marca ese tono. Cuando ya hayas ennegrecido al máximo con ese lápiz, sácale punta al 3B y vuelve a repasar la cabeza y los detalles, tal como hiciste con el B.

https://youtu.
be/3lynPRHl4gk

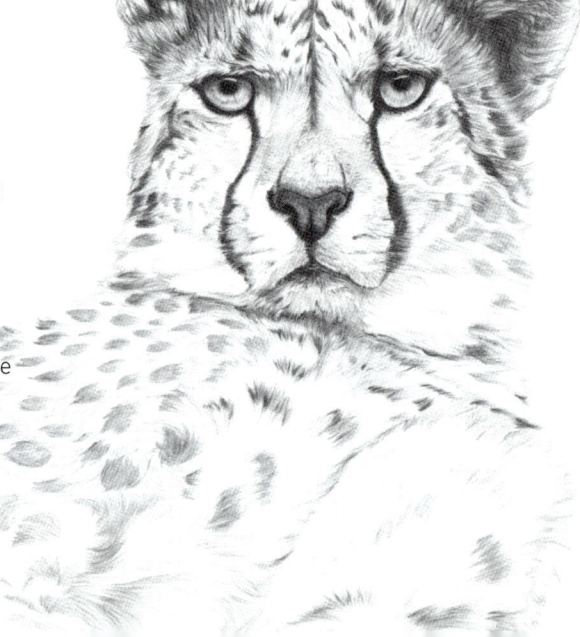

Mucha clase

21 x 30 cm (8 ¼ x 11 ¾")

Lápiz de grafito sobre cartulina blanca lisa

En la fase final, usa los lápices B y 3B para crear algunas sombras en la cabeza y el cuerpo, de modo que le confieran un aspecto tridimensional al animal. Con el lápiz 4B puedes oscurecer todas las manchas y las zonas clave un poquito más. Ya solo queda dibujar los bigotes negros con un lápiz 3B con muy buena punta y ¡relajarte!

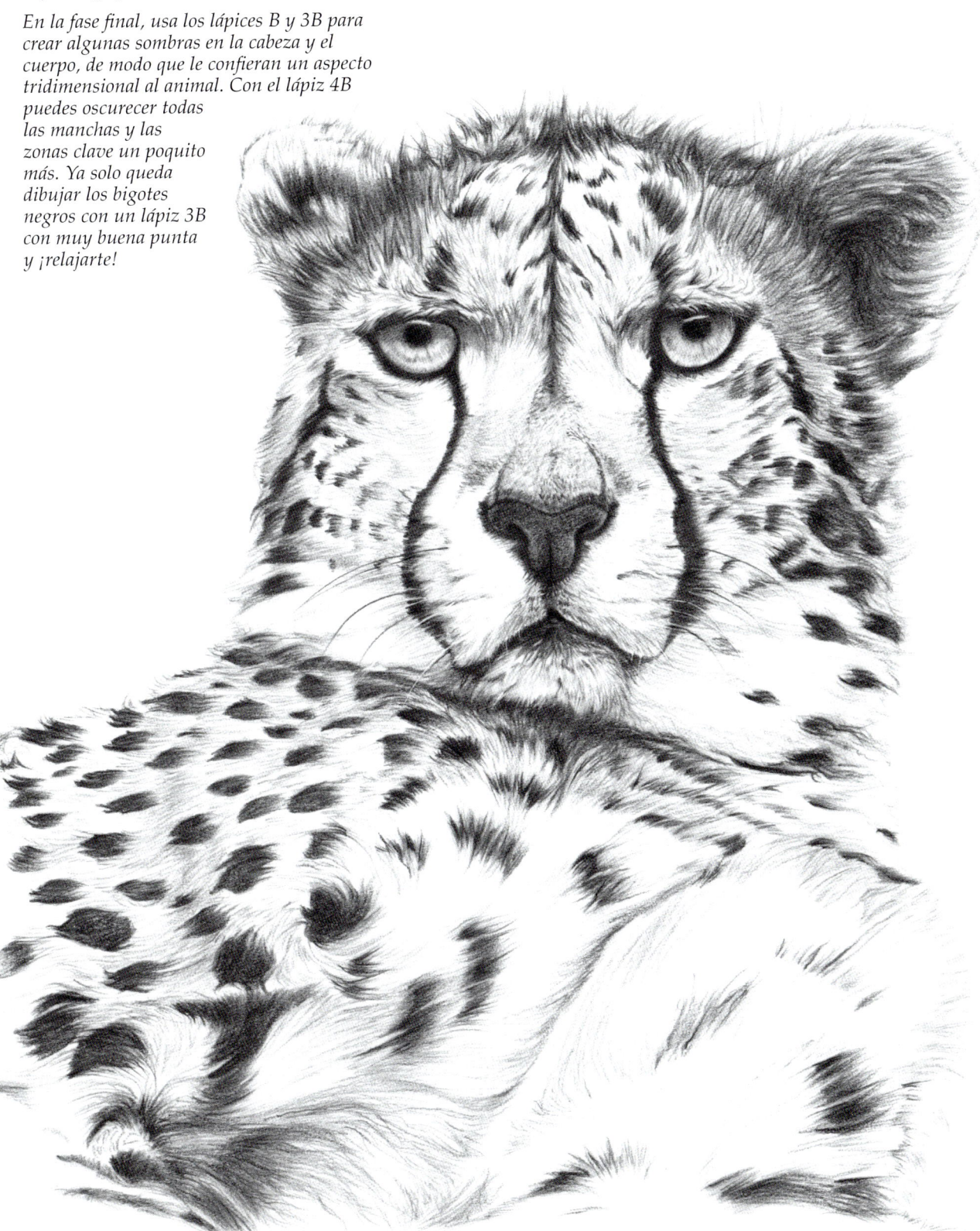

Los perros

Hay perros de muchas razas y tamaños distintos; demasiados como para presentarlos de manera individual. Sin embargo, hay unas cuantas formas comunes que todos reconocemos al instante.

Formas faciales

Si bien la cara depende del tamaño y de la raza, podríamos decir que las cabezas de los caninos encajan en unas cuantas formas. Cabeza redonda (Carlino, Staffordshire y similares), cara más estrecha con hocico largo (Border Collie, Pastor alemán), cabeza cuadrada (Mastín inglés, Labrador) y, por último, cara pequeña y puntiaguda (Papillón, Chihuahua). En estas páginas voy a ilustrar dos de las formas de cabeza más distintivas.

Cabeza redonda

Una de las razas más comunes es el Staffordshire Bull Terrier. Al dibujar esta raza hay que asegurarse de que las orejas estén colocadas casi en la parte superior de la cabeza. Los ojos son pequeños y están bastante separados; la mandíbula, cuadrada, posee una boca ancha y un hocico corto y compacto. El rasgo más distintivo de esta raza es el cuello, que es casi tan ancho como la cintura. Son conocidos por su resistencia, y esa robustez se refleja bien en su cuerpo.

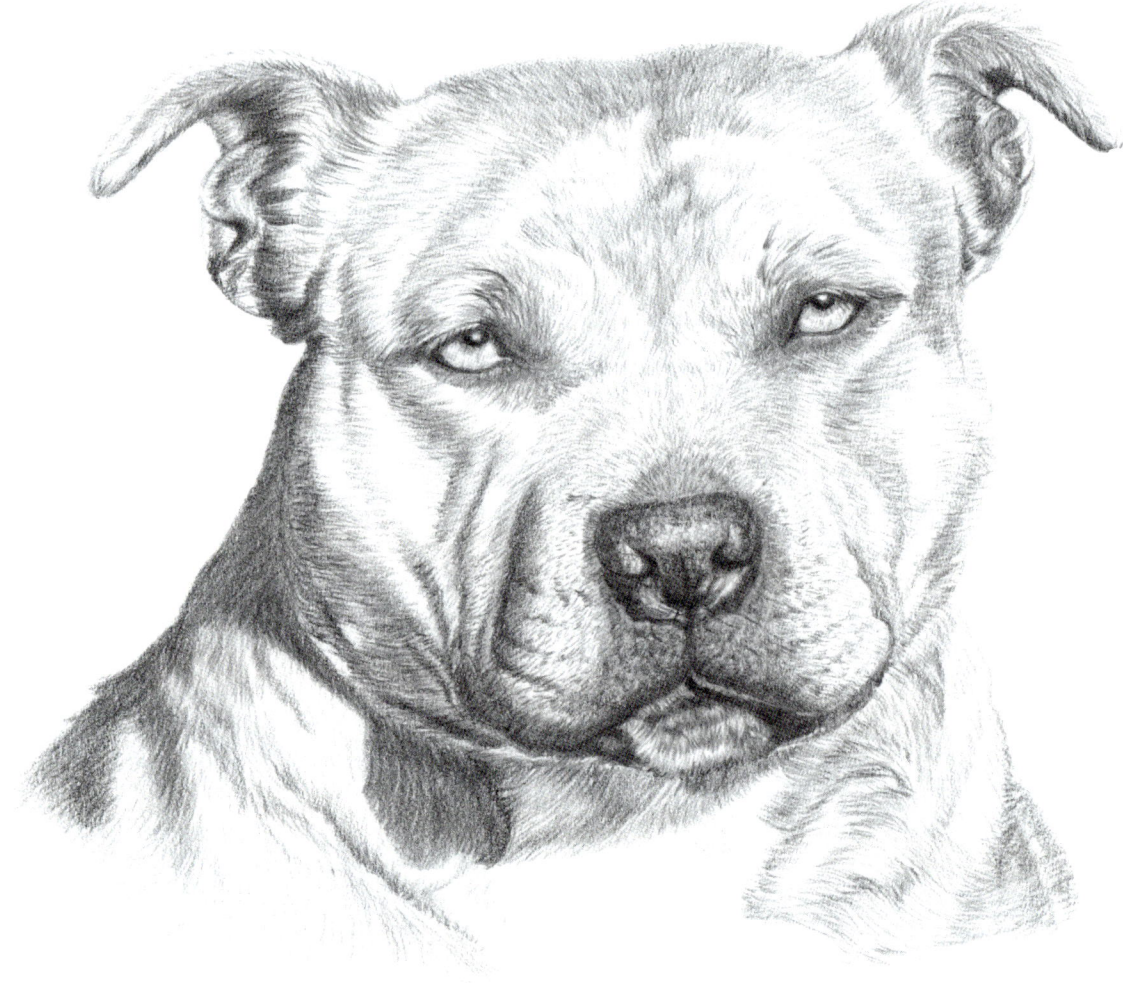

Hocico largo

El Border Collie, otra raza muy conocida, tiene una cara estrecha con un hocico largo. Las orejas están posicionadas en la parte superior del cráneo, en lo alto de la cabeza, y pueden dibujarse hacia arriba o caídas.

El pelaje no siempre es largo, pues es cierto que algunos Collies tienen el pelo corto. En todo caso, la apariencia tradicional es de color blanco y negro con un pelaje de longitud media. El color facial típico incluirá un hocico blanco y unas franjas de pelo blanco en el centro de la frente. Esa franja será más ancha o estrecha según el perro.

Muchos Collies no son de raza pura, y por eso se ven tantas formas y tamaños distintos, pero, por lo general, tienen una estructura ósea ligera; son muy enérgicos y tienen una expresión inquisitiva en los ojos, ¡sobre todo si tienen una pelota en la boca!

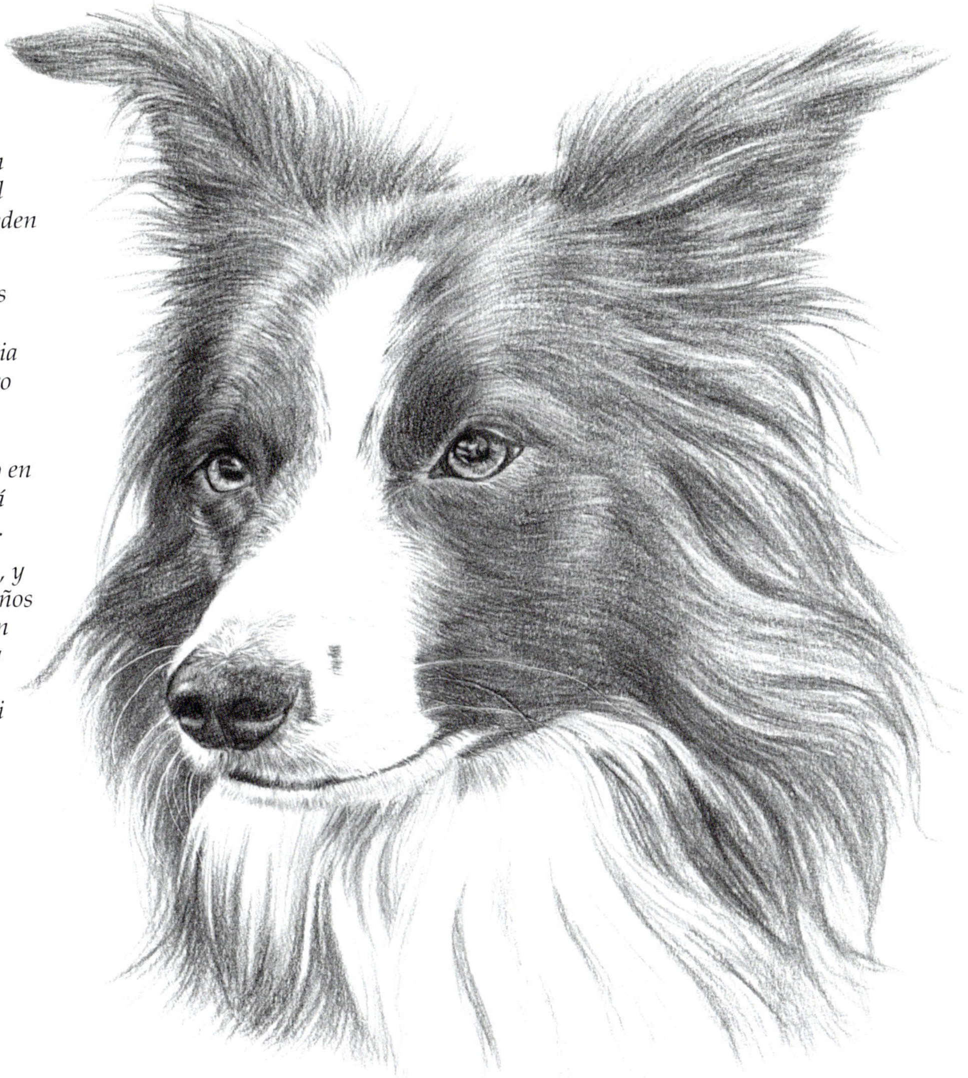

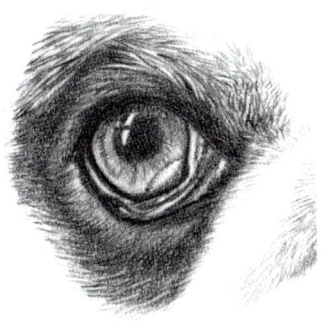

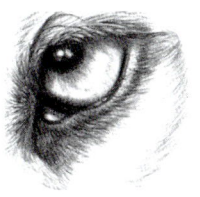

Ojos

Los perros muestran distintas formas oculares, pero una de las más inusuales tiene forma bulbosa y profunda; la poseen perros como el Carlino, el Chihuahua y el Bulldog. Los ojos del Bulldog (véase un ejemplo en la parte superior izquierda) parecen pesados, en conjunto con el cuerpo, tan compacto y robusto. El ojo tiene una forma redondeada con una ceja ancha encima. Los ojos están bastante separados entre sí y se suele ver el párpado inferior, una característica de esta raza.

El ojo que he dibujado en la parte inferior es el de un perro Crestado rodesiano, pero la forma en general es muy parecida a la de muchas razas de tamaño medio, incluidos los Retrievers, los Labradores y los Vizlas húngaros. Si dibujas un rombo, verás que no te alejas mucho de la forma. Hay una ceja pero es mucho más refinada, y casi no se aprecia el párpado interno. La apariencia general es limpia, detallada y directa.

Orejas

Las orejas pueden ser uno de los rasgos más característicos de la raza de un perro. Se reconocen enseguida las orejas de un Pastor alemán (en el dibujo superior derecho). Suelen tener una longitud de pelaje media-larga, y eso hace que también tengan pelos largos dentro de las orejas. Aunque tienden a tenerlas erectas, es común ver algunos animales a los que se les cae un poco la punta. ¡Ese detalle también le da un carácter peculiar!

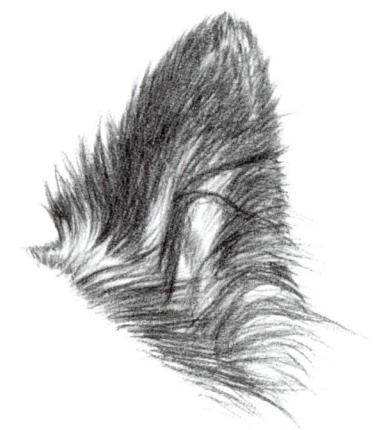

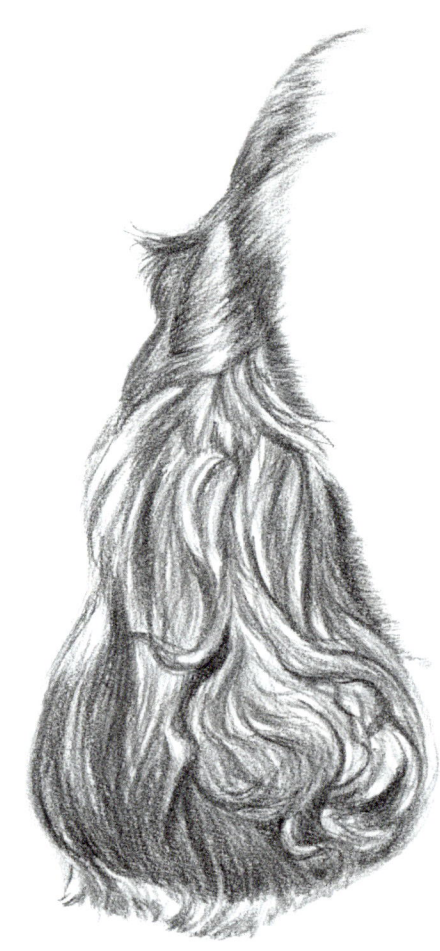

Otro tipo de orejas son las caídas y largas, como las del Spaniel (véase el dibujo de la derecha). Están posicionadas más bajas en la cabeza, más o menos al nivel de los ojos. Éstas son estrechas en la parte superior, y largas y más anchas en la zona de abajo. Como el resto de su cuerpo, en el caso del Spaniel el pelaje de las orejas se compone de rizos que caen con gran belleza. La parte inferior de la oreja tiene un aspecto acampanado, con mechones desiguales.

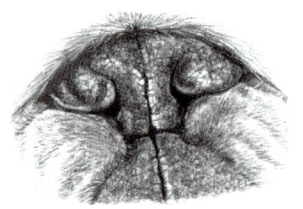

Trufas

Como ocurre con los ojos y las orejas, la trufa será de una u otra forma en función de las razas. Hay algunas muy singulares, como la del Carlino o el Bulldog, que son muy chatas y parecen estar dentro de la cara, mientras otras sobresalen mucho en un largo hocico, como la del Border Collie de la página 55. El ejemplo dibujado en el lado izquierdo superior es el de un Bulldog. Observa cómo el pelo por encima de la nariz cae sobre la trufa como si se tratase de una alfombra protectora; la textura general de la trufa queda levantada.

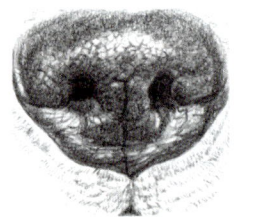

En contraposición, la trufa del Labrador (véase el ejemplo inferior de la izquierda) sobresale del hocico y es el primer rasgo que vemos cuando nos saluda. Ésta puede ser bastante grande y, según la raza, como el Labrador o el perro Crestado rodesiano puede ser amarronada o negra. Tiene un acabado más fino y más redondeado que la del Bulldog y, al sobresalir del hocico, también lo ayuda a respirar mejor.

Formas corporales

Las formas del cuerpo de los caninos varían muchísimo de una a otra raza, así que es muy difícil generalizar. Sin embargo, es cierto que algunas razas se reconocen enseguida y, por lo tanto, son gratificantes a la hora de dibujarlas. Aunque después habrá que variar las proporciones, los principios se pueden aplicar a todos los perros.

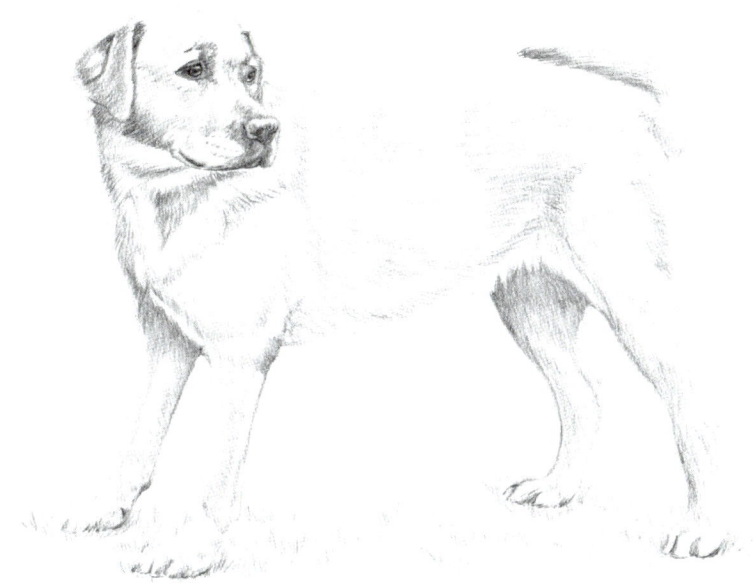

Labrador Retriever

Una de las razas más populares es el Labrador. Tienen una constitución media, y son más altos que el Staffordshire Bull Terrier y más anchos que el Border Collie. El Labrador tiene una cabeza cuadrada, los hombros anchos y una estructura corporal sólida y robusta. El pelaje es grueso y suave, y la longitud suele ser de unos 5 cm (2") de largo.

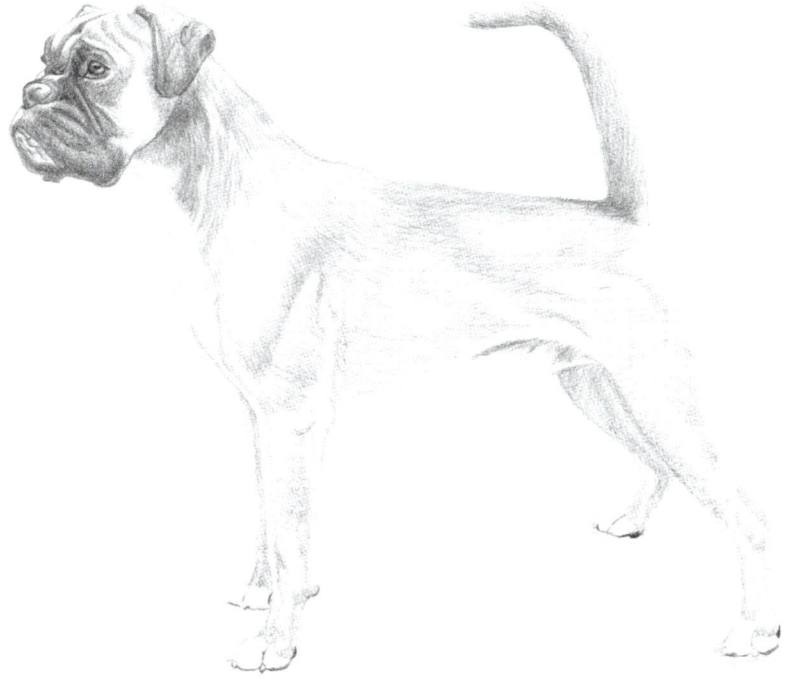

Bóxer

Otra raza que enseguida se reconoce es el Bóxer. La cara, con ese perfil tan chato, es muy singular. Los ojos están muy separados y tienen forma redonda, mientras que la trufa es pequeña en comparación con el tamaño de la cabeza. Presentan unos carrillos muy grandes y caídos, en una estructura facial ancha, casi rectangular. Su expresión puede ser descrita como «embobada», pero en realidad son muy inteligentes. Las orejas nacen desde la parte más alta de la cabeza y suelen caer hacia abajo. Su estructura corporal es pesada, con un pecho imponente, un lomo fuerte y una cintura alta que desemboca en robustas y musculadas patas. La capa de pelo del Bóxer es corta y está pegada a la piel, lo que le da una apariencia lustrosa y brillante cuando goza de buena salud.

Poppy

Como ya sabemos, hay perros de todos los tamaños, las formas y los colores. La que he utilizado para este proyecto es un cruce que se llama Poppy. Ha tenido suerte y ha encontrado un hogar, puesto que una señora decidió rescatar a la perrita. He querido dibujar a Poppy porque tiene un pelaje precioso, blanco y negro, que supone todo un reto dibujarlo con lápiz de grafito. El efecto negro lo he creado de forma lenta y metódica, con una presión firme pero sin pasarme, y construyendo poco a poco las distintas capas.

En esta lección vas a ver cómo dibujar este animal con un método distinto al que he empleado hasta ahora. En vez de ir creando la profundidad de manera gradual, los reflejos se han conseguido con la aplicación de un lápiz 4 para ayudar a resistir el alto grado de lápiz blando que vendrá después. Los tonos oscuros los he creado con un lápiz 6B. Si hubiera empleado el método previamente mostrado en el libro, hubiéramos utilizado demasiado grano en la cartulina. Por el contrario, aquí hemos pasado directamente al oscuro después de realizar los reflejos en las zonas claras con un lápiz duro, para repeler el lápiz oscuro a medida que se va sombreando.

MATERIAL

Cartulina blanca lisa de 30 x 42 cm (11 ¾ x 16 ½")

Lápices de grafito 4H, 2H, 3B y 6B

Sacapuntas

Goma moldeable

Papel para apoyar la mano

Aguja de bordar

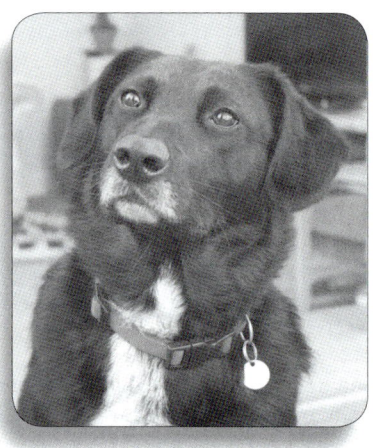

Contorno. Dibuja el contorno con el método que elijas, el de la cuadrícula o a mano alzada. Lo dibujarás en el centro de una cartulina blanca lisa de 30 x 42 cm (11 ¾ x 16 ½") con un lápiz 2H, de manera que el dibujo tenga un tamaño de unos 21 x 30 cm (8 ¼ x 11 ¾"). No presiones mucho al dibujar el contorno, para que puedas borrar los trazos cuando precises rectificar. No olvides poner un trozo de papel para ir apoyando la mano al trabajar.

Marcar los bigotes. Antes de empezar a sombrear, con una aguja de bordar aprieta para hacer las marcas de los bigotes en el hocico. Empieza por la raíz y dirígete a las puntas. Esta fase es irreversible, así que tienes que hacerla con seguridad y decidir dónde vas a poner los bigotes antes de empezar.

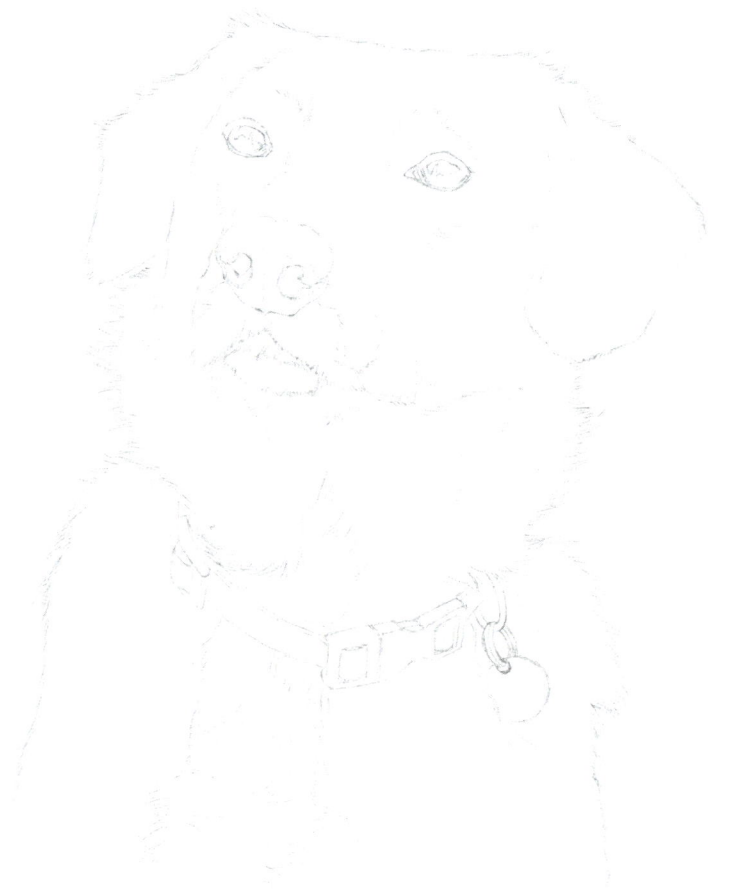

2 Cara. Empieza a añadir reflejos en el lado derecho de la cara con un lápiz 4H con mucha punta. Comienza por la parte superior de la oreja y añade las zonas claras con suaves toques sobre la superficie de la oreja. Ahora incorpora el lápiz 4H en las zonas brillantes, en la parte superior de la cabeza, con trazos más cortos y siguiendo la dirección del pelo según la fotografía de referencia. Al llegar al ojo, dibuja las líneas que se curvan por encima del hueso de la ceja y por debajo del ojo; deja un poco de lugar para el lápiz 6B en la zona más oscura. Continúa de nuevo con el 4H; observa siempre la fotografía para dar brillo a las zonas correctas de la cara. Incorpora un poco de 4B en la curva donde los pelos apuntan hacia la derecha de la cara, al lado del hocico. Empieza a marcar los pelos blancos encima de la boca, en la parte frontal del hocico, con el 4B.

Repasar. Sácale punta a un lápiz del 6B y repasa toda la parte superior de la cabeza; comienza a rellenar todas las secciones oscuras por encima del ojo; pasa el 6B por encima de todas las líneas ya marcadas con 4H. Este relleno en ambas direcciones sirve para integrar de manera correcta los reflejos al sombrear desde ambos extremos. Sigue dibujando alrededor del ojo con el 6B, y después baja a la zona de debajo del ojo y un poco más abajo todavía. Las áreas marcadas anteriormente con 4B no deberían quedar con unos reflejos tan claros dentro de las secciones sombreadas con 6B. Al llegar a los bigotes marcados con la aguja, asegúrate de sombrearlos, pero no lo hagas de forma horizontal a lo largo de ellos, ya que sin querer podrías cubrir las hendiduras. Hazlo en vertical. Al cruzarlos con el 6B crearás un par de capas y se verán más. Vuelve al ojo y con un lápiz 2H crea una suave capa en el iris y la pupila; deja inalterables los reflejos de la pupila. El lapicero 3B con buena punta te servirá para oscurecer la pupila y el iris aún más. Resalta el contorno del ojo con ese lápiz. Después saca punta al 6B para oscurecer todo el ojo en general.

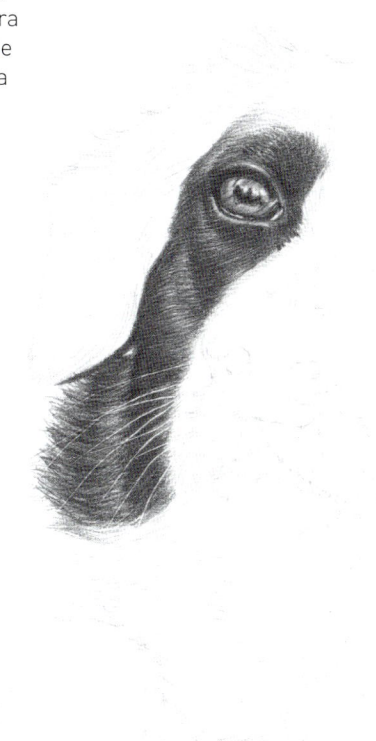

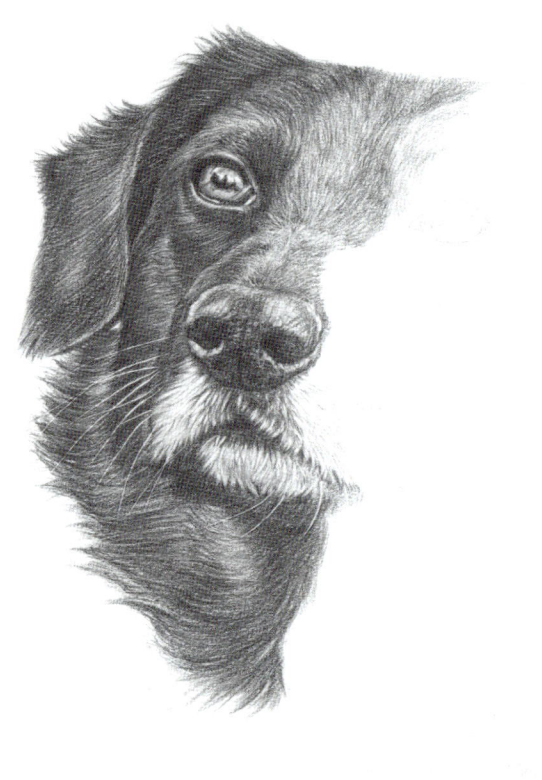

3 Rasgos. Vuelve a la parte superior de la cabeza y con el lapicero 6B bien afilado incorpora tonos oscuros a la oreja, que ya está preparada. Asegúrate de haber añadido suficiente lápiz 4H como para mantener los reflejos antes de rellenarla por completo. Si no hay suficientes reflejos en la oreja, utiliza la goma moldeable para eliminar parte del grafito. Pasa de nuevo al hocico y usa el 4H sobre los pelos de la barbilla, tal como hiciste antes para que los pelos blancos se vean sobre los labios. Ahora con un 2H con punta añade más detalles a los pelos, con cuidado de mantener los blancos. A continuación utiliza un 6B para sombrear la zona oscura entre los labios y dibuja con el 6B un poco por encima de los pelos que cubren la boca. Rellena la zona bajo la barbilla con un lápiz 4B una vez más, primero trata los reflejos y después colorea las zonas más oscuras con un lápiz 6B y, después, con uno 3B.

4 Trufa. Para completar la trufa, con un lápiz 2H con mucha punta crea una primera capa de textura; recuerda verificar en todo momento la fotografía de referencia. Usa una combinación de técnicas de garabatos y líneas más definidas para crear esa textura. Rellena los orificios nasales. A continuación y sobre la textura ya creada, oscurece la trufa un poco más con un 3B con punta afilada. Oscurece las zonas que lo requieran y aumenta la profundidad de los orificios. Para finalizar, con la punta afilada del 6B incrementa el tono de la trufa utilizando dos o tres capas de lápiz. Una vez más usa la goma moldeable para resaltar los reflejos si no se ven lo suficiente.

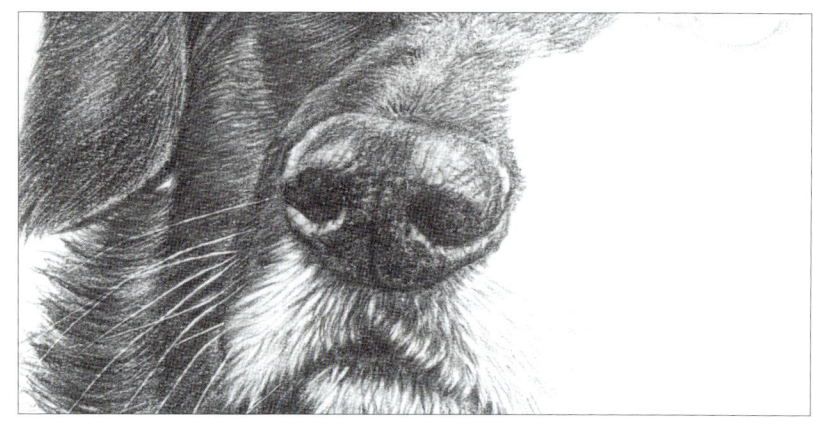

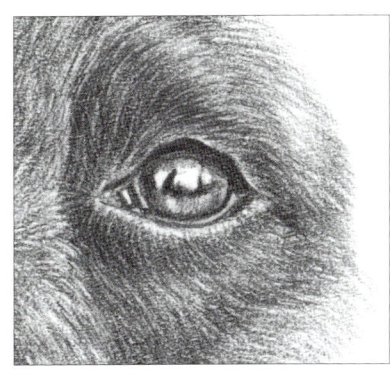

https://youtu.be/
k_zrq7LQdFY

5 Rasgos. Traza con el lapicero 4B los cortos pelos blancos que hay encima del hueso del hocico, en la zona que sube hasta el entrecejo. El siguiente paso lo realizarás con un 6B bien afilado: sombrear desde la parte superior de la trufa hacia los ojos una vez más. Rellena esa área hasta llegar a la frente y también la zona superior de la cabeza. Para completar el ojo izquierdo emplearás de nuevo el 4H e incorporarás los reflejos como has hecho antes. Usa el 4H en todas las zonas claras del hueso de la ceja, encima del párpado superior y también por debajo del párpado inferior, completando el hueso de la mejilla. Sácale punta al 6B y empieza a repasar el contorno de la línea oscura por debajo del iris; rellena de tono hasta el lagrimal. Oscurece la zona de dentro del párpado y también el área superior del iris; después continúa con la pupila con los lápices 2H y 3B primero, dejando los reflejos sin tocar, como hicimos con el otro ojo. Oscurece el ojo un poco más con un 6B con buena punta. Ya solo te queda utilizar el 6B para completar las zonas oscuras por encima y por debajo del ojo, y después trabajar por las zonas en las que ya aplicamos el 4H en la mejilla.

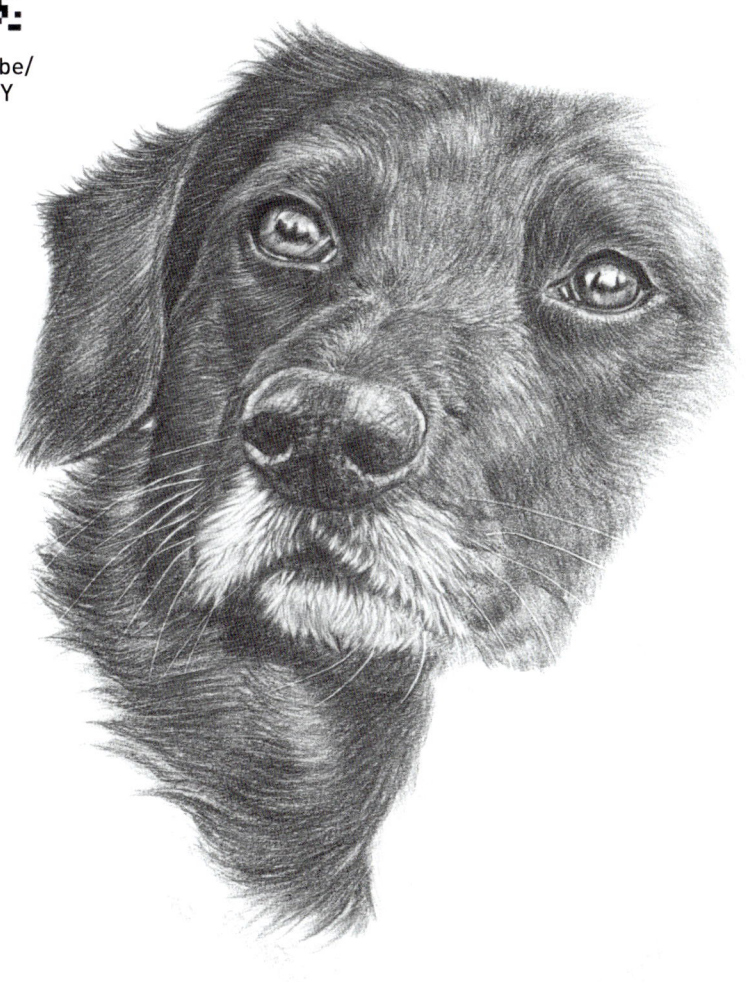

6 Pelaje. Continúa trabajando en la parte izquierda de la cara del perro; primero agregando con el 4H en las zonas claras y después con el 6B para rellenar las secciones más oscuras. Trabaja hacia abajo, hacia el collar, poco a poco y metódicamente. Cuando hayas llegado a la sección blanca de pelo, en la parte central del cuello, usa un 2H muy afilado para dibujar los segmentos de pelo blanco dentro de la zona y separar así los pelos. Oscurece las sombras bajo la barbilla para que el hocico vaya hacia fuera, y puedas conseguir un efecto tridimensional.

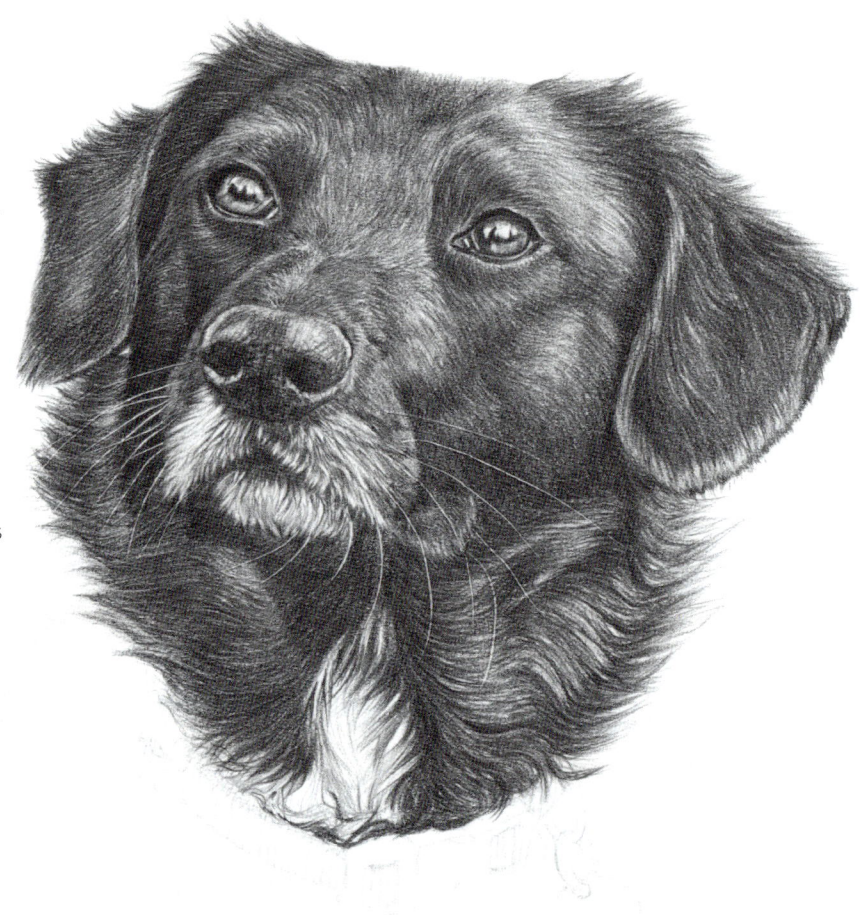

https://youtu.be/
-ICdFVo83Tg

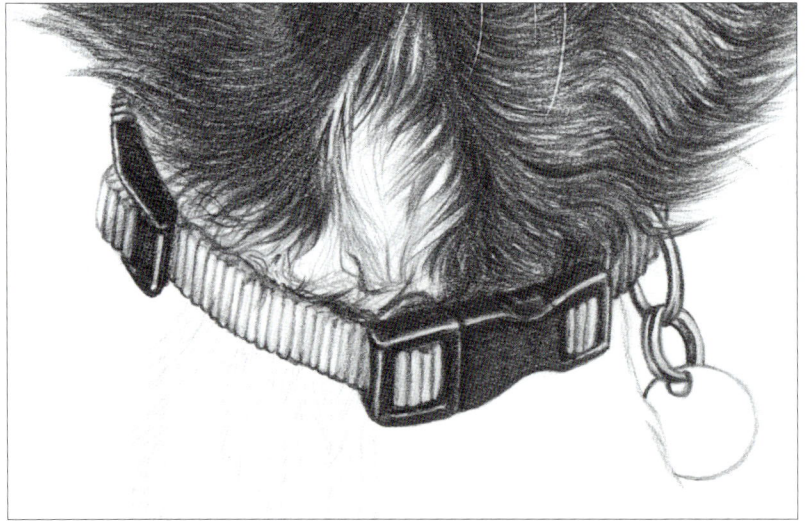

7 Detalles. Para completar el collar, dale tono al material con un lápiz 2H con buena punta. Repasa el contorno de las argollas y la chapa metálica con el lápiz. A continuación, insiste en el material una vez más aportándole textura con el 2H; utiliza el mismo lápiz para sombrear las argollas y la chapa. Eso sí, deja los reflejos tal cual, sin tocar. Ahora sácale punta a un lápiz del 3B y oscurece el cierre de plástico y todo el collar un poco más. Continúa añadiendo capas para ennegrecerlo un poco más.

Página siguiente
Poppy
21 x 30 cm (8 ¼ x 11 ¾")

Lápiz de grafito sobre cartulina blanca lisa

En la fase final, asienta el pelaje blanco de la sección central por debajo del collar, tal como hiciste con la zona por encima de éste, con los lápices 2H y 3B. Con la mina afilada del lápiz 6B, traza una pequeña sombra y unos cuantos pelos negros dentro del pelaje blanco. Tienes que ir trabajando el cuello de Poppy y la parte superior de los hombros con el lápiz del 4H, para incorporar los brillos, y con uno del 6B con buena punta para aportar los tonos oscuros.
Limpia el fondo con una goma moldeable y utiliza la misma goma para realzar cualquier reflejo que necesite un poco de ayuda.

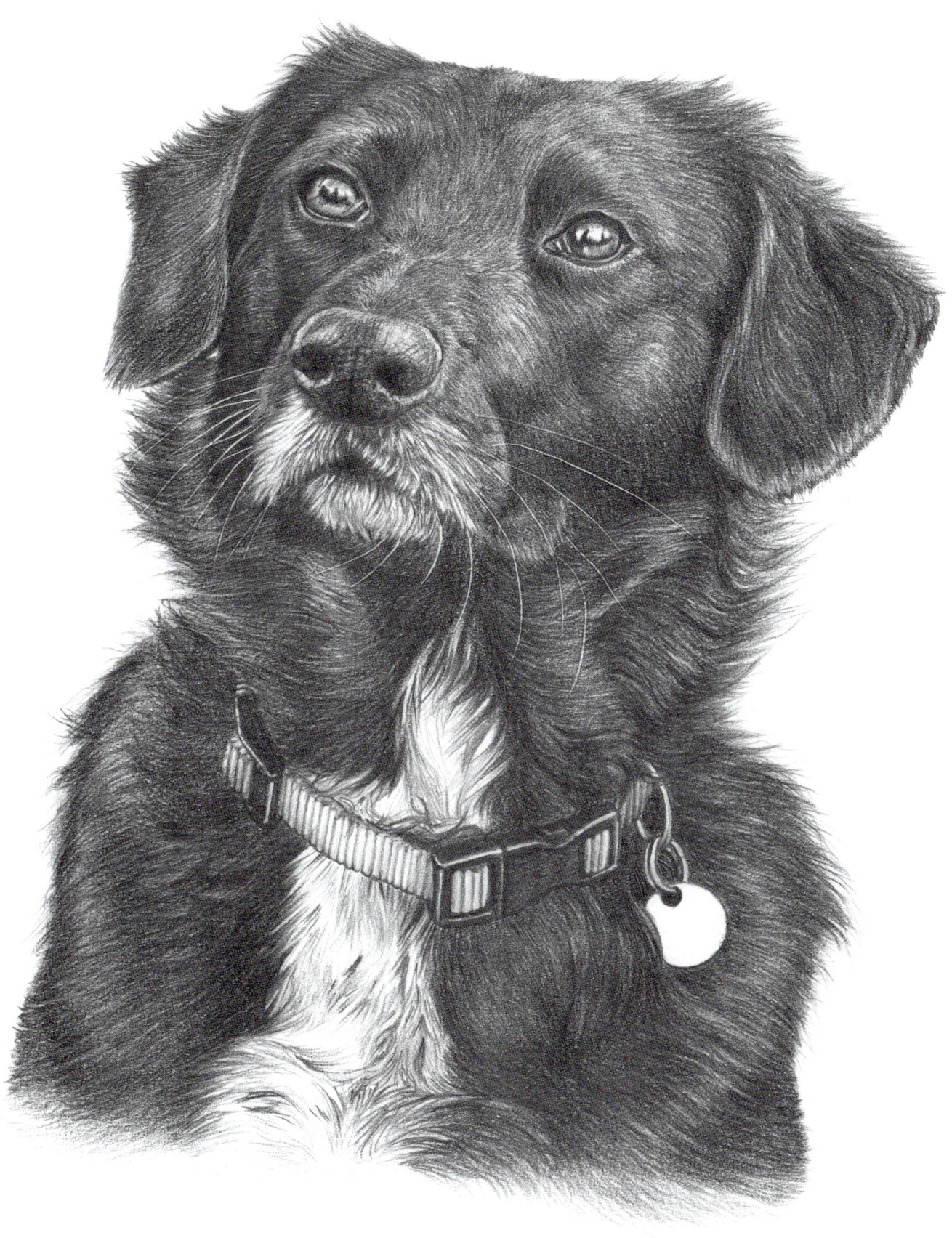

Los gatos

Estructura corporal

Cuando se trata de cuerpos de felinos solo hay unas cuantas «categorías» (perdón por el juego de palabras). La mayoría de los gatos tienen una de las tres estructuras básicas: las variedades que no son de raza, los gatos tipo persa y los gatos altos y esbeltos, como el siamés. Desde luego, hay variantes pero éstos son los tipos más comunes.

Rechoncho

Este gato tiene la cola larga, las patas robustas, el cuerpo ancho, la cabeza grande y una cola bien peluda: todas las características del cuerpo del persa. Normalmente el cuello está rodeado por un pelaje de otro tono. En esta raza es un color un poco azulado. Algunos tienen la cara tan chata que casi no tienen perfil, pero en este caso he elegido un modelo que no tiene la cara tan extremadamente plana.

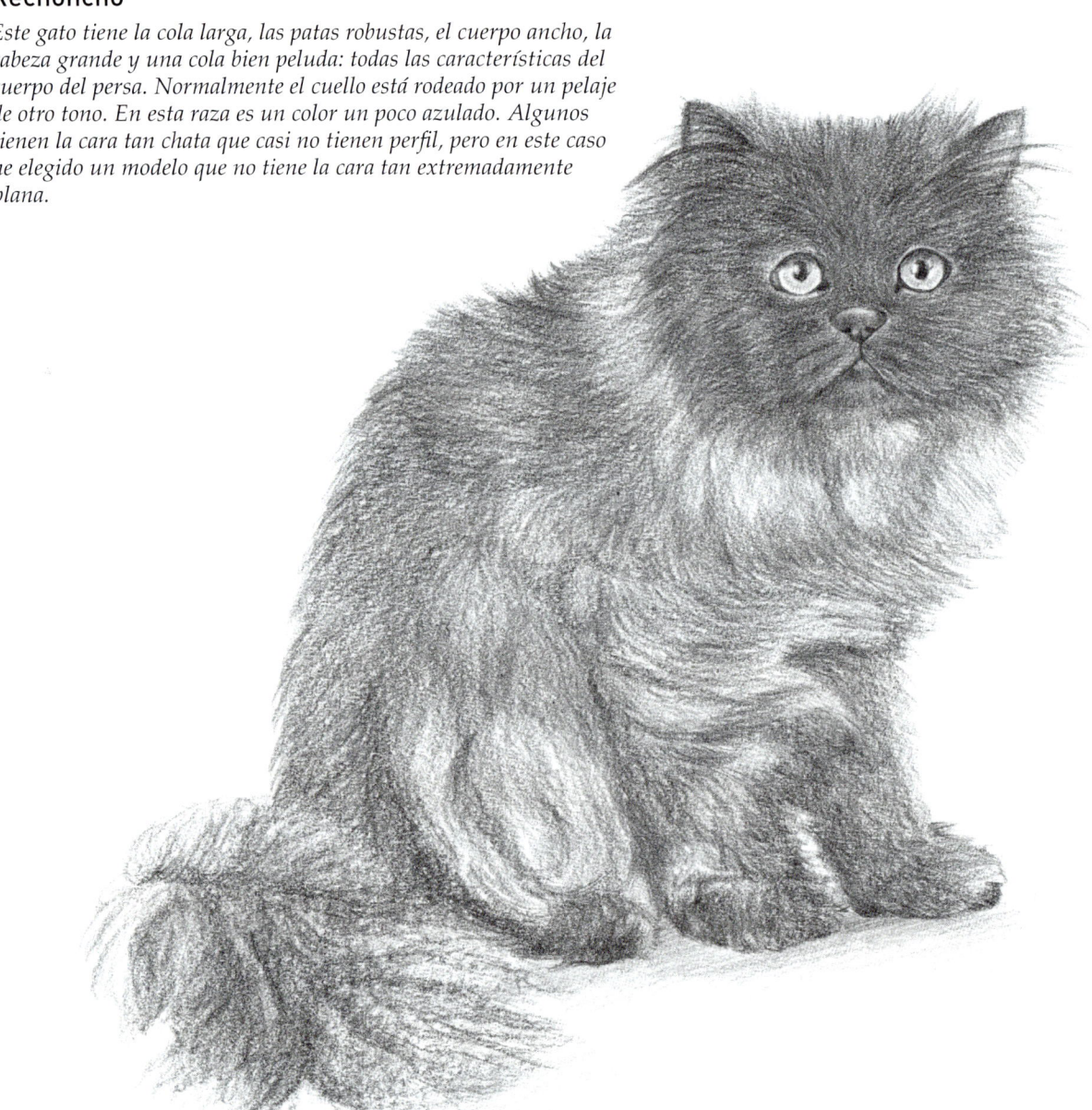

Delgado

Los gatos siameses son una de las razas más bonitas que he visto. Son muy elegantes y ágiles, aunque no a todo el mundo les gustan. Son altos y muy delgados, con largas patas, y una cabeza casi triangular. Los ojos suelen ser de un color azul muy penetrante y las orejas, bastante largas en proporción con la cabeza.

Típico

Este tipo de gato puede variar considerablemente en cuanto a color y pelaje se refiere, ya que no es de raza. Esta ilustración muestra un gatito blanco. La forma del cuerpo suele ser delgada, por lo general de pelo corto, con patas delgadas y no tan robustas como los de raza. Hay algunas variedades de gato que no son de raza que también tienen el pelo largo, pero lo más común es que lo tengan corto, negro o marrón. ¡De ésos hay muchos!

Ojos

Todos los gatos domésticos tienen unas pupilas alargadas (a diferencia de los grandes felinos), aunque pueden parecer muy llenas y redondas en la oscuridad. La forma de la cara y el párpado afectan a la apariencia externa del ojo, tal como se ilustra a continuación.

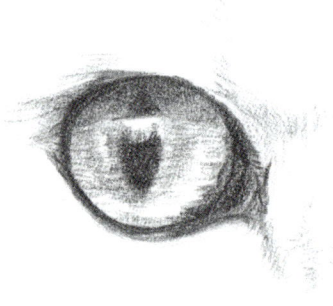 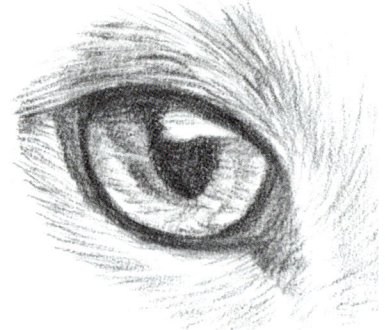 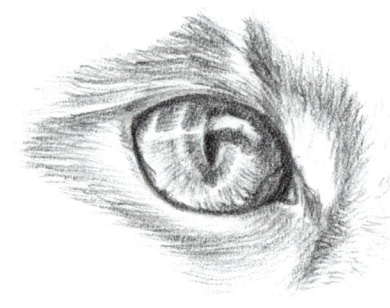

Persa

Tanto si se trata de un gato persa, uno exótico o un British Blue Shorthair, este tipo de gatos tienen unos ojos que parecen redondos y bastante grandes.

Siamés

Los ojos de un gato siamés tienen forma almendrada y son muy bonitos. Son fáciles de reconocer, ya que tienen las cejas sesgadas, de manera que los ojos son muy puntiagudos en el extremo.

Gato sin raza

Los ojos de los gatos que no son de raza (a veces se los denomina «callejeros», pero sin mala intención) varían mucho, sobre todo si es el resultado del cruce de dos razas. En esta ilustración mostramos la forma de los ojos de un gato común, como el del ejemplo de la página 65. El ojo es más redondo que el del siamés y no es achinado en la punta.

Formas de la cabeza

Como ocurre con el cuerpo, las formas más familiares de la cabeza de los gatos son las de la raza persa o exótico, siamés y, después, los gatos sin raza.

Gato exótico de pelo corto

Resulta bastante aparente que la forma de la cara de los gatos exóticos de pelo corto, e incluso la del gato persa de pelo largo, es muy redonda. Los dos tipos de gatos tienen ojos muy circulares, orejas pequeñas y redondeadas, y un perfil muy chato ya que la trufa casi no resalta.

Las mejillas son gorditas y la boca está marcada hacia abajo, lo que les da una expresión un tanto triste y nostálgica.

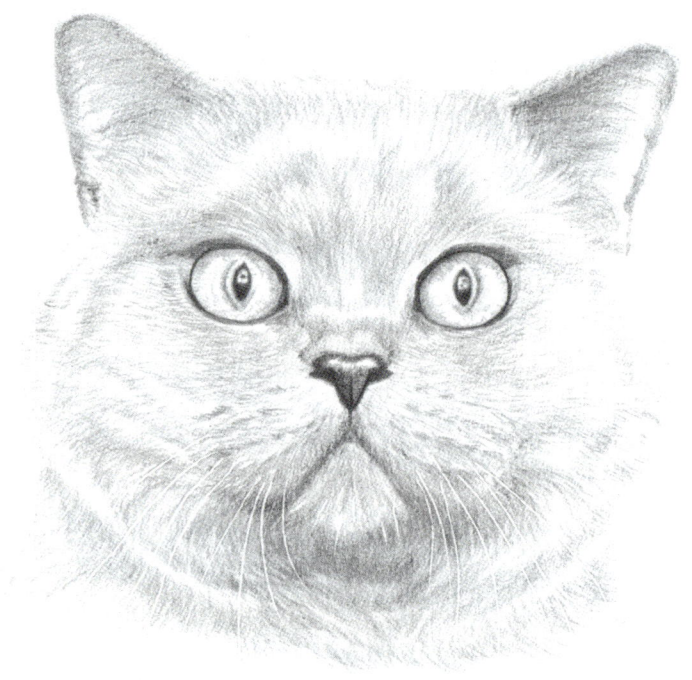

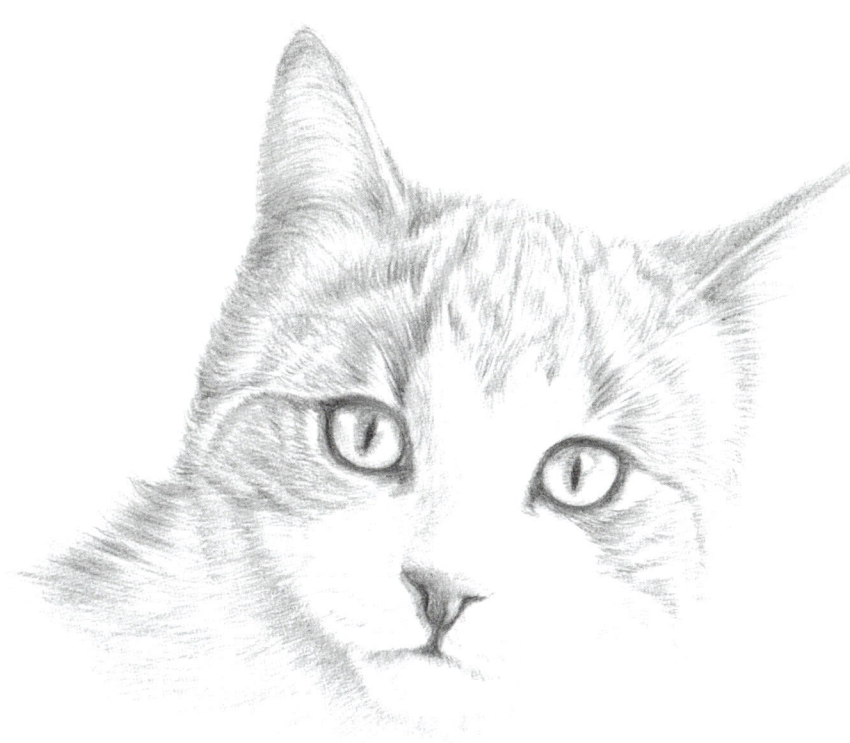

Gato sin raza

Los gatos cruzados o sin pedigrí tienen formas de cara distintas. Sin embargo, lo más común es que sean sesgadas y triangulares, con una barbilla mucho más protuberante que el resto de los ejemplos que hemos expuesto aquí. Por lo general las orejas son más apuntadas y los ojos, un poco sesgados. En cuanto al pelaje, puede ser corto o largo pero es más común que tengan el pelo corto, que puede ser de una gran variedad de colores y con o sin marcas.

Siamés

El gato siamés también tiene una cara triangular, delgada y angular. Por lo general, muestran una expresión muy fría y distante, y los ojos tienen una forma y color muy singulares. Las orejas y la trufa dominan esta raza. Son sus rasgos más reconocibles, así que ¡es imposible que confundas a un siamés si lo ves!

El perfil es totalmente opuesto al de los gatos exóticos de la página anterior, con unos ángulos marcados y un perfil protuberante.

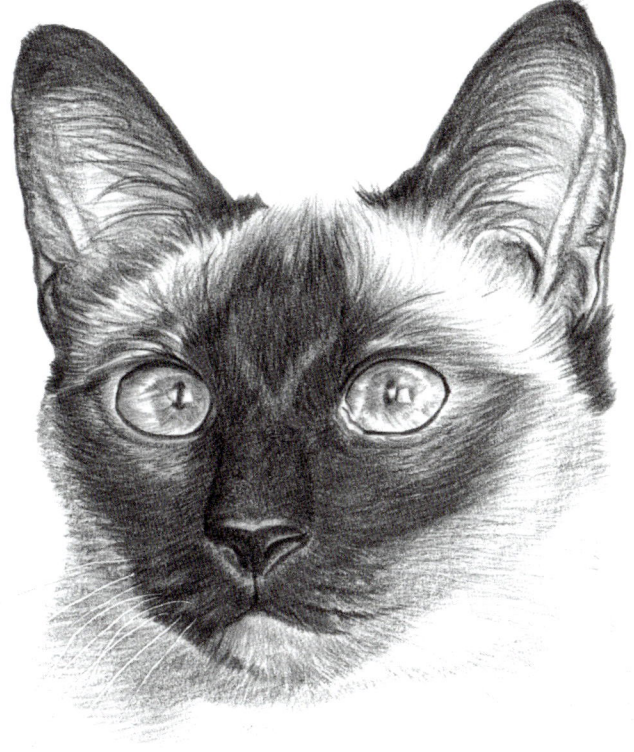

Tom

Hay muchos tipos de gatos que podría utilizar como modelos para este proyecto, pero he querido que fuese uno sin raza, de pelo corto, para mostrar bien el tamaño de los ojos y de toda la cara. Este gato en concreto es de una señora que dirige un refugio muy conocido de gatos, y él forma parte de los rescatados. Se trata de un gato de color anaranjado, muy joven, lleno de energía y curiosidad. A duras penas le pude hacer esta foto antes de que se embarcase en otra aventura...

MATERIAL

Cartulina blanca lisa de 30 x 42 cm (11 ¾ x 16 ½")

Lápices de grafito 4H, 2H, 3B y 5B

Sacapuntas

Goma moldeable

Papel para apoyar la mano

Aguja para bordar o hacer punto

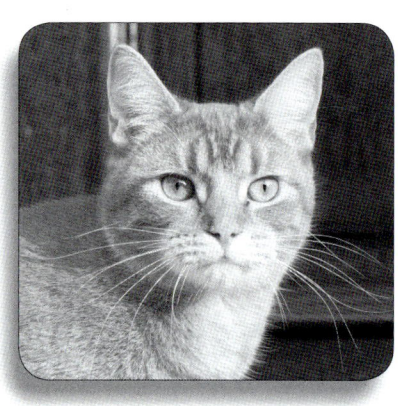

1 **Contorno.** Dibuja el contorno con el método de la cuadrícula, el calcado o a mano alzada. Este contorno lo he dibujado en el centro de una cartulina blanca lisa de 42 x 30 cm (16 ½ x 11 ¾") con un lápiz del 2H y ocupa aproximadamente 30 x 21 cm (11 ¾ x 8 ¼"). Mantén poca presión al dibujar el contorno para que puedas eliminar con facilidad cualquier error. Recuerda poner un trocito de papel debajo de la mano para evitar que el dibujo quede embadurnado de grafito.

2 **Bigotes marcados.** Antes de empezar a aplicar el tono, utiliza una aguja de bordar o de hacer punto para marcar fuerte en la cartulina los bigotes del gato, empieza desde la raíz y avanza hasta la punta. Esta fase es irreversible, así que asegúrate de tener claro dónde vas a colocar cada bigote antes de ponerte manos a la obra.

Pelaje. Selecciona un lápiz del 4H. Empieza por la parte superior de la cabeza o el entrecejo (mi punto preferido para empezar a dibujar), y traza una fina capa de pelaje corto. Asegúrate de seguir la dirección del pelo, observando la fotografía de referencia, ya que el pelo facial del gato puede ser complicado. Cuando llegues a las zonas más oscuras del pelaje, emplea el lápiz un poco menos y aumenta la separación, o él mismo te impedirá una graduación más fuerte de lápiz más tarde, cuando intentes oscurecerlo más. Cuidado al llegar a la zona donde has marcado los pelos del bigote, pues el lápiz no debería caer en las marcas. Sigue manteniendo poca presión en las marcas de lápiz al llegar a las áreas blancas de pelaje, y céntrate en añadir el pelo en las secciones más sombreadas. Continúa hasta que tu dibujo se asemeje al de arriba.

3 **Añadirle capas al pelaje.** Con un lápiz 2H con bastante punta repasa las zonas más oscuras del gato, desde las puntas de las orejas hasta el pescuezo. No presiones mucho porque si no la cartulina no te aceptará tonos más oscuros después.

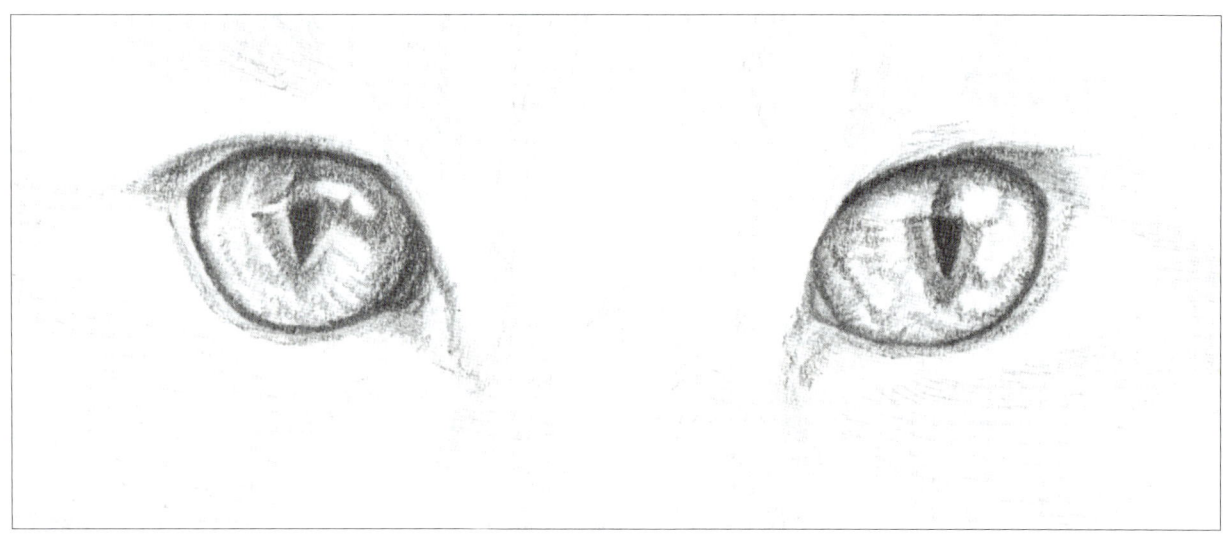

4 **Ojos.** Empieza con el lapicero del 2H de nuevo y asegúrate de que tenga bastante punta. Rellena con cuidado las pupilas, trabajando alrededor de los reflejos de los ojos. Añade un tono oscuro alrededor de la pupila y crea todas las líneas y marcas dentro del iris, con poca presión. Traza las sombras que proyectan las cejas y oscurece los extremos de los ojos. Añade otra capa del 2H en todas esas zonas. A continuación, con un lápiz 3B afilado repasa de nuevo los mismos lugares, oscureciéndolos un poco más. Ten cuidado de no pasarte al ennegrecer las marcas pequeñas dentro del iris. Por último, con un lápiz 5B con muy buena punta oscurece las pupilas, el contorno de los ojos y las sombras de la parte superior de los ojos para completar todo el proceso.

5 **Darle más tono.** Ahora que los ojos ya están completos, selecciona el lápiz 3B y oscurece el pelaje; trabaja desde las orejas hacia abajo. Cuidado al dibujar alrededor de los pelos de las orejas. Continúa bajando por la cara del gato, y recuerda que has de dejar algunos espacios blancos entre las marcas; representarán al pelo blanco. Observa en todo momento la fotografía original para ver qué dirección sigue el pelo. Al llegar a los ojos, dibuja con cuidado a su alrededor. Prosigue con la nariz y las mejillas y baja hasta haber cubierto todo el gato con el lápiz 3B.

https://youtu.be/
kFADsqvlfDI

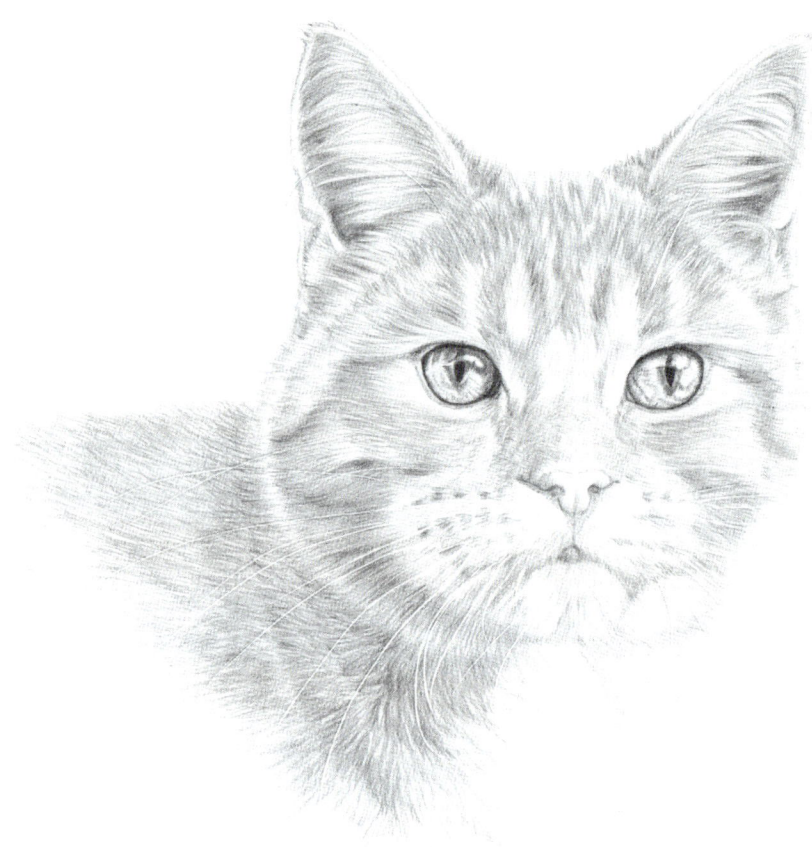

6 Aportar profundidad. Vuelve a repasar el gato una vez más con el 3B con el objetivo de conseguir una apariencia aún más tridimensional. Usa unos trazos más firmes y asegúrate de que el lápiz tenga buena punta. No olvides que las marcas más oscuras van en la frente y las mejillas. Oscurece el pelaje también del cuello y del lomo. Añade más lápiz 3B en los espacios entre los pelos de las orejas.

https://youtu.be/0NvhdLnI59Y

7 Detalles. Con un lápiz 2H añade todos los pelos cortos y claros en las zonas más claras de la frente, en torno a los ojos y también en las mejillas del gato. Necesitarás aplicar este lápiz también para crear la raíz de los bigotes que sobresalen de la cara y también del fondo.

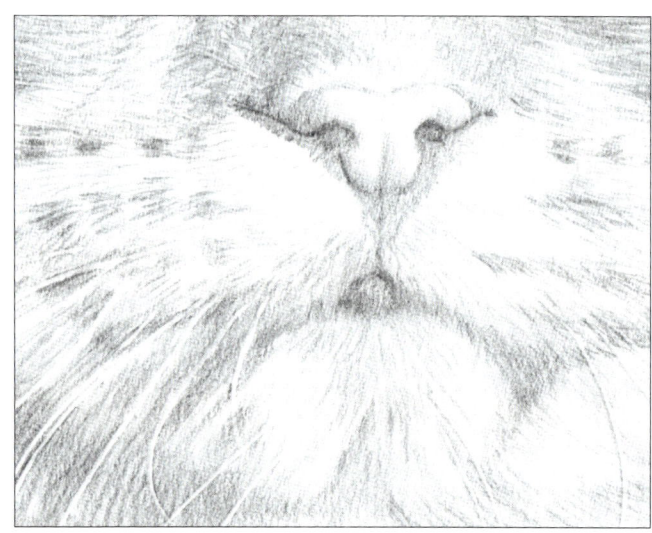

Truco

Si te es difícil dibujar la raíz de los bigotes, a lo mejor te es más sencillo darle la vuelta al papel y dibujarlos en vertical.

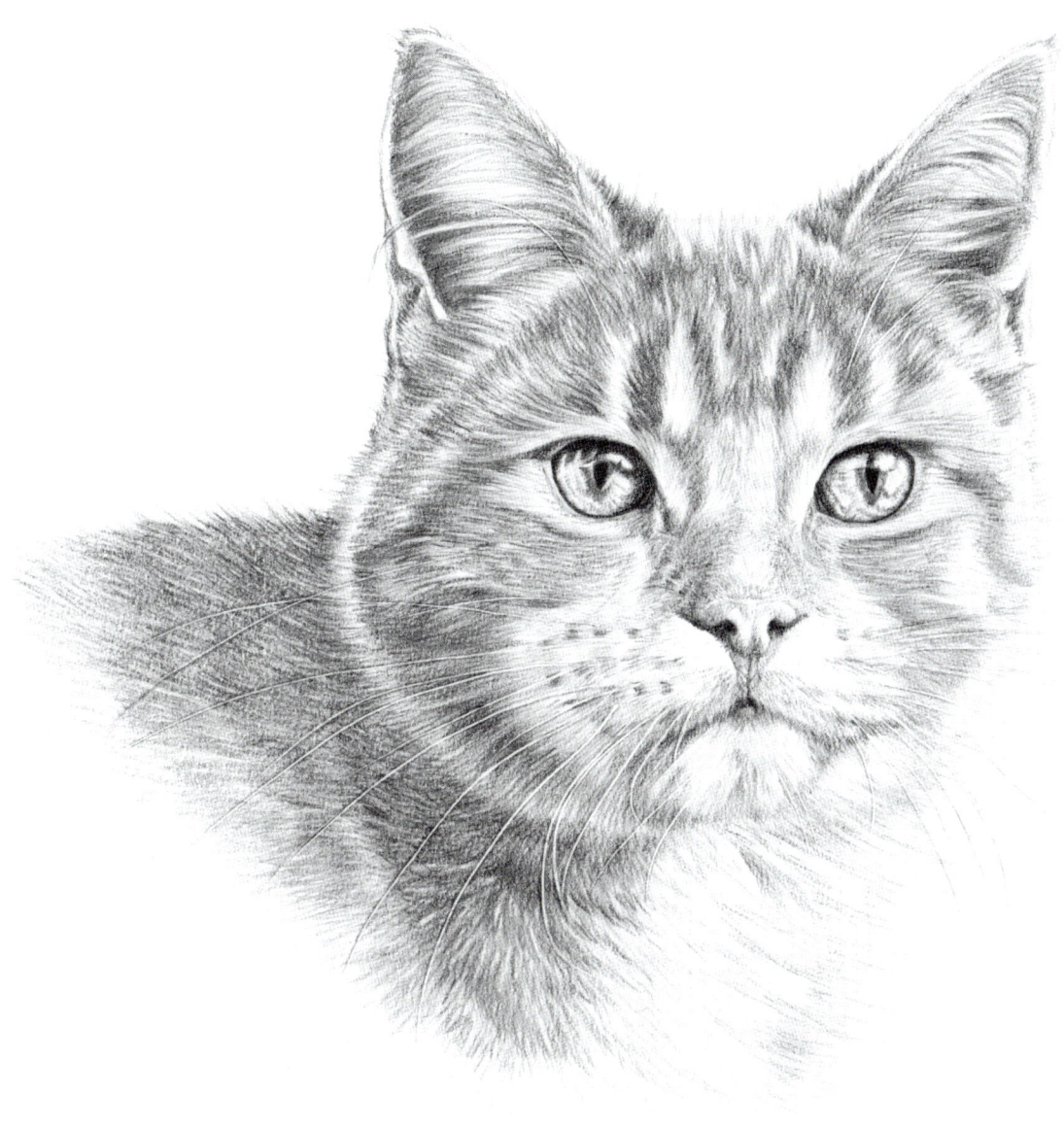

Tom

30 x 21 cm (11 ¾ x 8 ¼")

Lápiz de grafito sobre cartulina lisa

En la fase final, usa un lápiz 5B afilado para oscurecer poco a poco todas las marcas; empieza por la cabeza del gato. Profundiza en la sombra de los ojos si es necesario, y oscurece los orificios nasales y la trufa. Repasa la sombra del lomo del gato, detrás de la cabeza. Vuelve al contorno y dibuja unos pelos que sobresalgan para completarlo.

Los caballos

Hay muchas razas distintas de caballos y de ponis, demasiadas como para cubrirlas con detalle en este libro. Sin embargo, vamos a ver las más comunes y singulares, que te ayudarán a dibujar la cabeza y el cuerpo de casi todos los tipos de caballos.

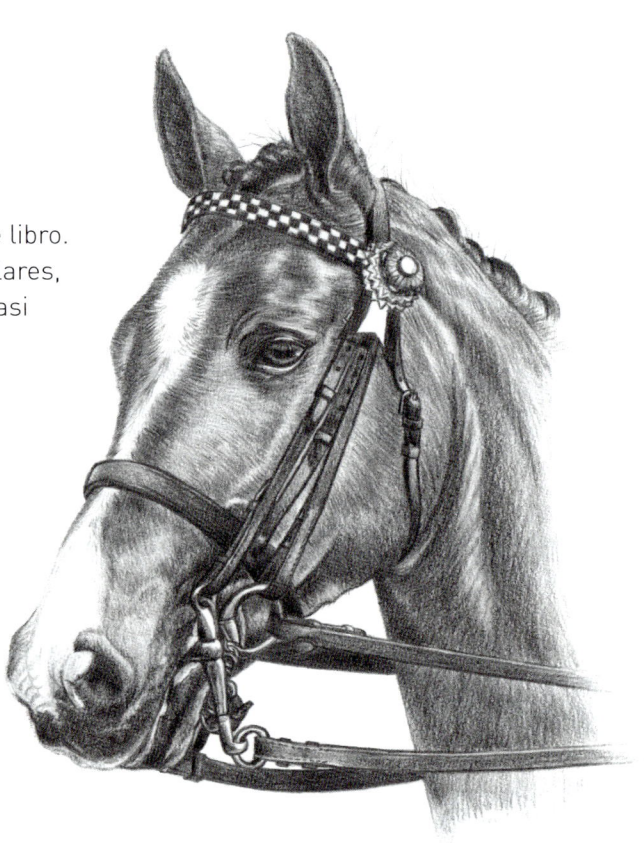

Formas de la cabeza

Purasangre

Se trata de un caballo muy popular. Tiene la cabeza larga y musculada, con todos los rasgos bien proporcionados. Las orejas son largas y delgadas; los ojos, medianos y la cara, muy musculada. El hocico y los orificios nasales están bien definidos, con una boca pronunciada que le confiere esa apariencia noble.

Árabe

Los caballos árabes son conocidos por su enérgico carácter y movimientos gráciles, pero nadie puede negar su belleza. La forma de su cabeza es muy diferente a la del resto de las razas. Hay una hondura al mirarlo de perfil, entre los ojos y el principio del hocico, que está muy definido en esta raza. Los ojos son grandes y los orificios nasales, anchos y acampanados, lo que le aporta una apariencia de animal atrevido y osado. Personalmente, los caballos árabes son mis preferidos.

Formas corporales
Poni de las Shetland

Sin duda tiene un cuerpo muy singular, ya que es corto de longitud y de altura, con unas patas muy robustas que le confieren una apariencia fornida. La cabeza es corta y ancha, pero aun así su apariencia general es muy atractiva. El flequillo y la crin suelen ser largos y, en ocasiones, le tapan los ojos. La cola también suele llevarla larga, de manera que produce la sensación de que en cualquier momento va a tropezar. Los colores y el largo del pelaje pueden variar bastante, desde el pelo corto hasta uno bastante largo y grueso; los colores van del beige hasta el blanco, pasando por el blanco moteado.

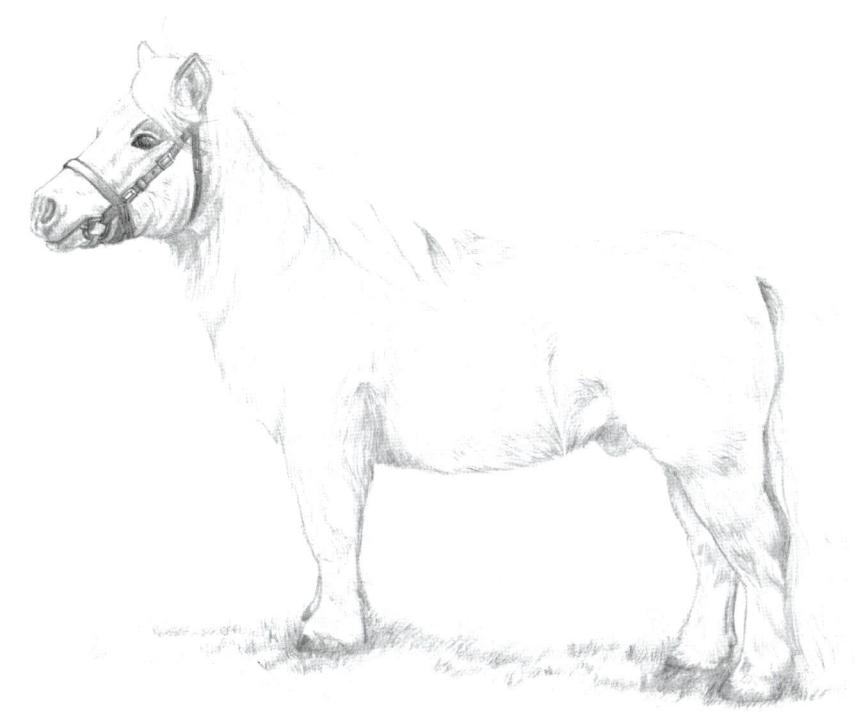

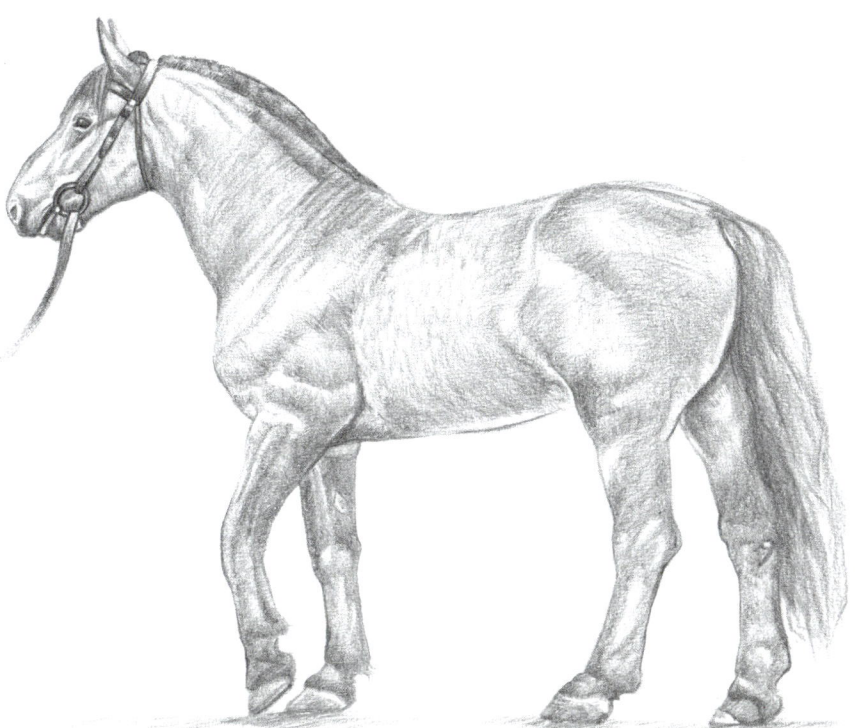

Caballo percherón

Otra forma interesante es la del caballo percherón. Los hay de pelajes y colores muy distintos, pero la forma corporal sigue siendo la misma. Tiene una apariencia robusta y musculada. La cabeza es más corta que la del purasangre y tiene un hocico ancho y fuerte. El cuello también es ancho y bien proporcionado. El cuerpo no es ni largo ni corto, pero las patas están muy bien definidas y son gruesas, para poder soportar su pesado cuerpo. Esta raza tiene una mirada poderosa y decidida y son muy conocidos por su gran resistencia.

Dee

Este estudio está basado en un caballo de tiro irlandés. Por experiencia puedo decir que esta raza es amable, muy inteligente y sociable. Como caballos son brillantes en todo, ya que se les da bien la caza, saltar, participar en eventos e incluso la doma. ¡Son un poco como esos niños repelentes a los que se les da todo bien en la escuela!

Al principio se utilizaban como caballos de tiro de carros, pero poco a poco se convirtieron en una mascota perfecta. Se empleaban como caballo de granja durante la semana, llevaban al amo a cazar los sábados y arrastraban el carro con toda la familia para acercarlos a la iglesia el domingo.

El modelo de la fotografía es Dee, el caballo que pertenece a mi amigo. Posee todas las cualidades que he enumerado y además las combina con una pacífica belleza que resulta una característica difícil de encontrar en un caballo. Tengo gran debilidad por él, y seguro que tú también la tendrás cuando acabes su retrato.

MATERIAL

Cartulina blanca lisa,
   30 x 42 cm (11 ¾ x 16 ½")
Lápices de grafito 2H, B, 3B
   y 4B
Sacapuntas
Goma moldeable
Papel para apoyar la mano

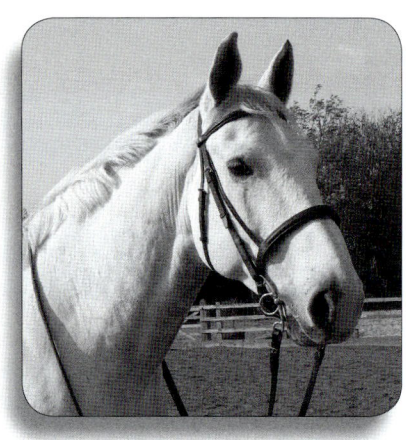

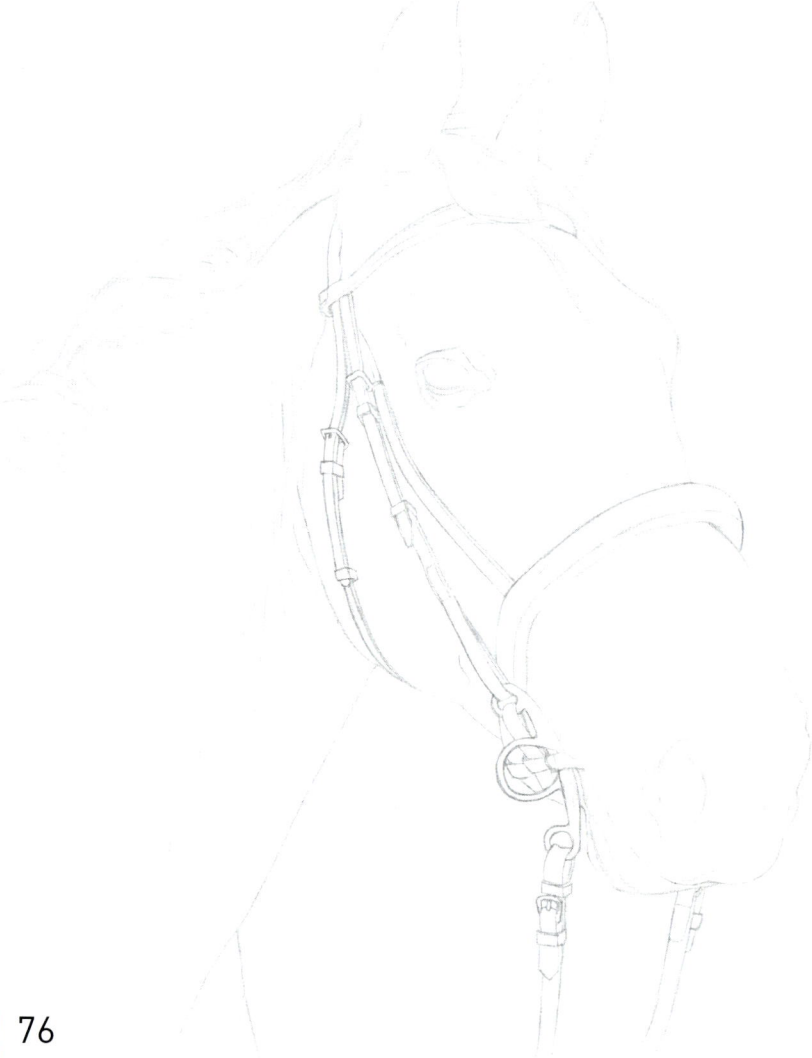

Contorno. Primero dibuja el contorno con el método que hayas elegido, ya sea el de la cuadrícula, calcar o a mano alzada. Este contorno lo he plasmado en el centro de una cartulina blanca lisa de 30 x 42 cm (11 ¾ x 16 ½") con un lápiz 2H; el dibujo ocupa aproximadamente 21 x 30 cm (8 ¼ x 11 ¾"). No aprietes mucho ya que entonces será mucho, más difícil borrar y rectificar. Pon un trozo de papel debajo de la mano para no manchar a medida que dibujas.

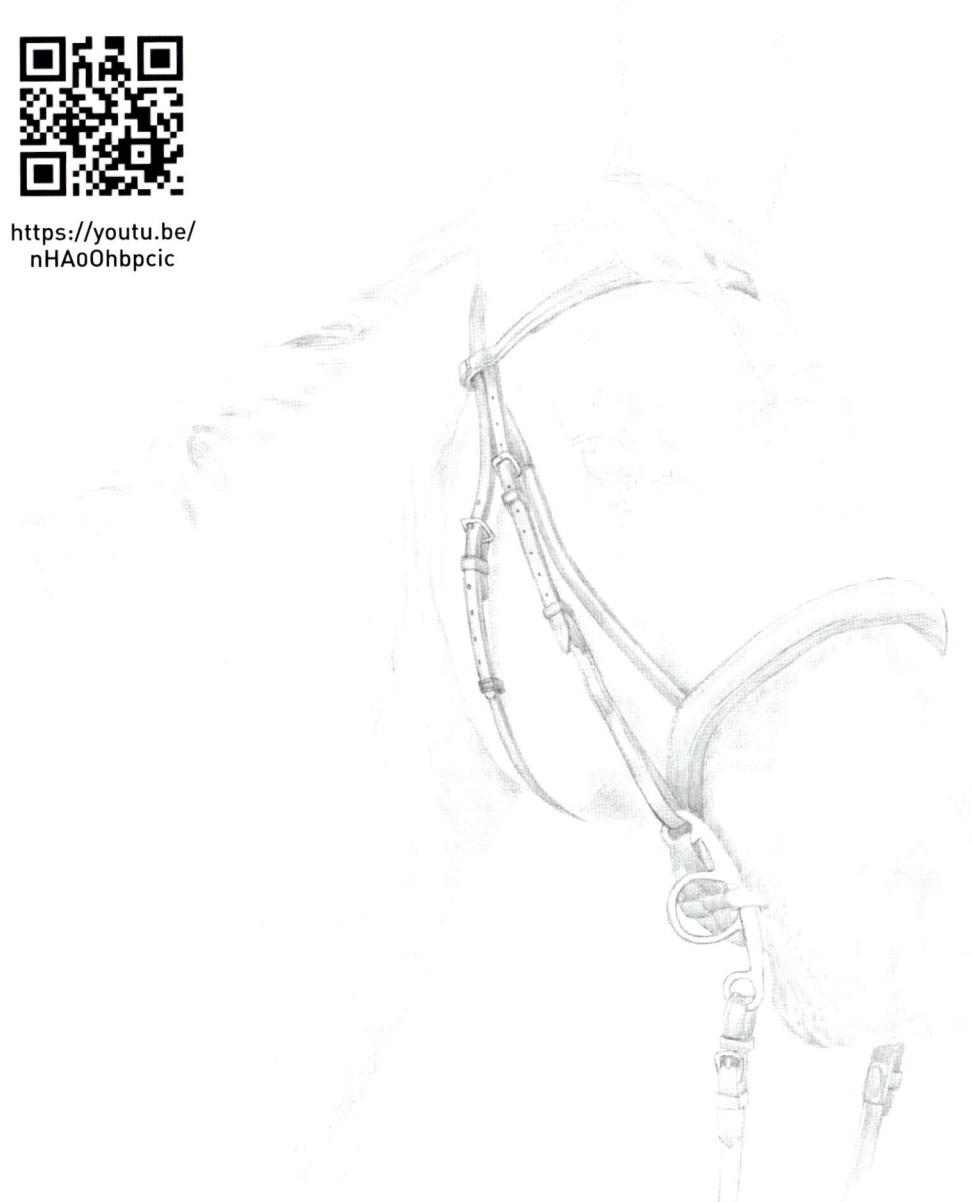

2 **Orejas y pelo.** Con cuidado coloca el pelo dentro de las orejas y en los bordes exteriores con trazos suaves de un lápiz del 2H. Observa que el pelo de la cabeza del caballo es muy cortito en comparación con el de dentro de las orejas. Al trabajar en el caballo, utiliza la goma para suavizar el contorno antes de rellenar cada área en concreto. Este caballo tiene un color muy claro, así que no necesitamos un contorno muy oscuro. Al dibujar la cara, hay que dejar los pelos muy claros y cortitos.

Sombras de la brida. Añade las sombras que proyecta la brida, oscureciendo en la misma dirección que los pelos del caballo. Ahora bien, si te queda demasiado oscuro, el caballo adoptará un color demasiado grisáceo, por lo que tendrás que darle forma a la goma moldeable y pasarla por la zona para aclararla, así hasta lograr el efecto deseado. Salvo que creas que ya te has pasado, espera hasta añadir un lápiz de un tono más oscuro para ser más objetivo antes de hacer cualquier cambio.

Truco

*P*ara garantizar un toque suave con el lápiz, sostenlo desde el extremo más alejado de la punta, de manera que adopte una posición casi horizontal. Así será casi imposible aplicar demasiada presión.

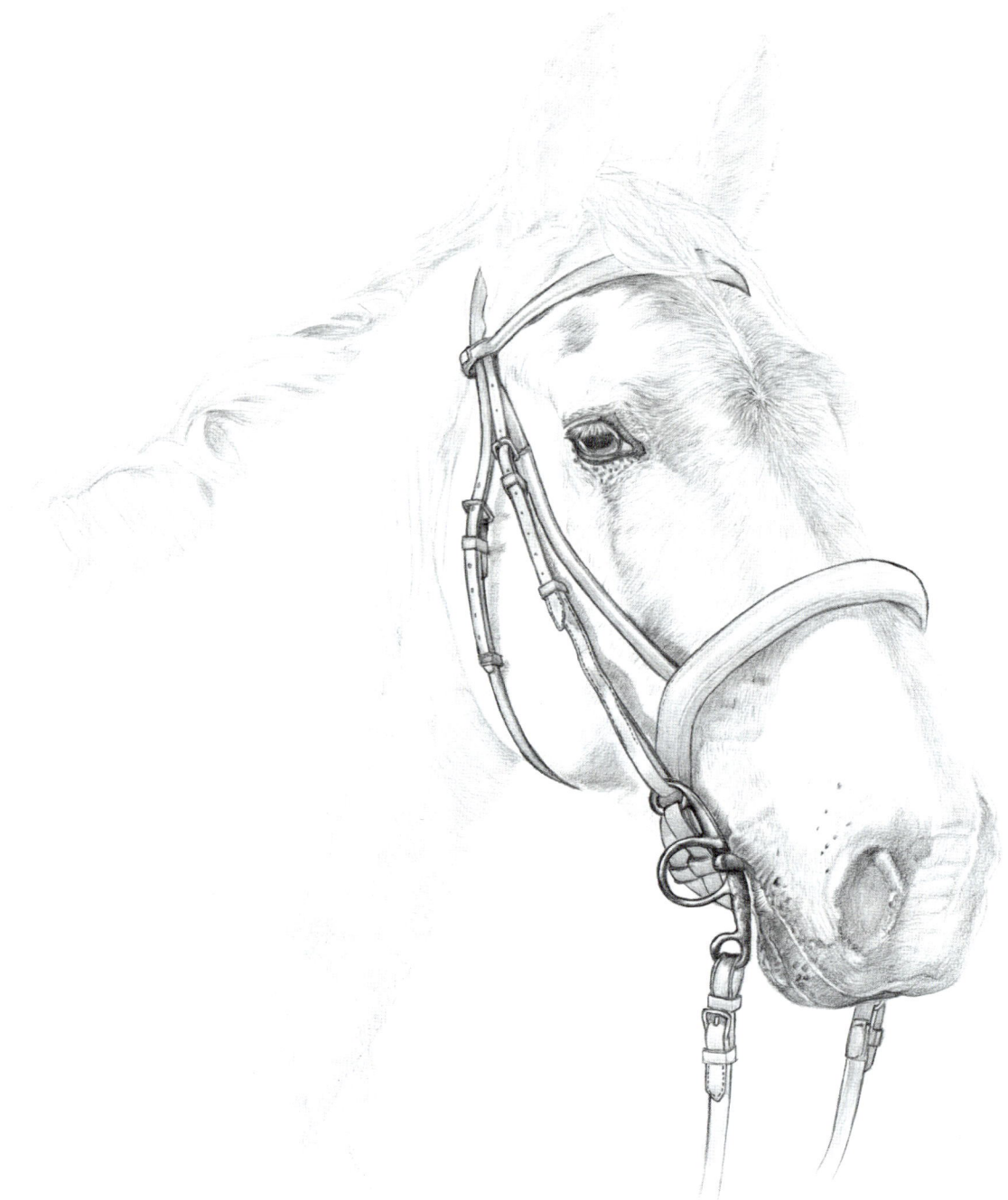

3 **Brida.** Con un lápiz 2H añádele la base de tono a la brida; deja los reflejos sin tocar. La textura de la brida de cuero tiene que ser suave y lisa, a excepción de las partes en las que se doblan las tiras para pasar por las hebillas. Repasa la brida, al menos dos veces, con un lápiz 2H para oscurecerla un poco más.

Ojo. Ahora aporta tono al ojo. Dibuja las pestañas que caen sobre el ojo. Éstas son muy importantes, ya que hay que trabajar sobre el ojo, así que hay que dibujar con suavidad a su alrededor para asegurarnos de que continúan sobresaliendo. Dale forma a la goma de borrar y utilízala para suavizar las pestañas si las rellenas por error. Rellena el iris y el exterior de los párpados. Traza los pelos de encima de la ceja y los que hay debajo del ojo. Oscurece la parte interior de las orejas y añade un poco de lápiz 2B en la crin y las sombras que proyecta.

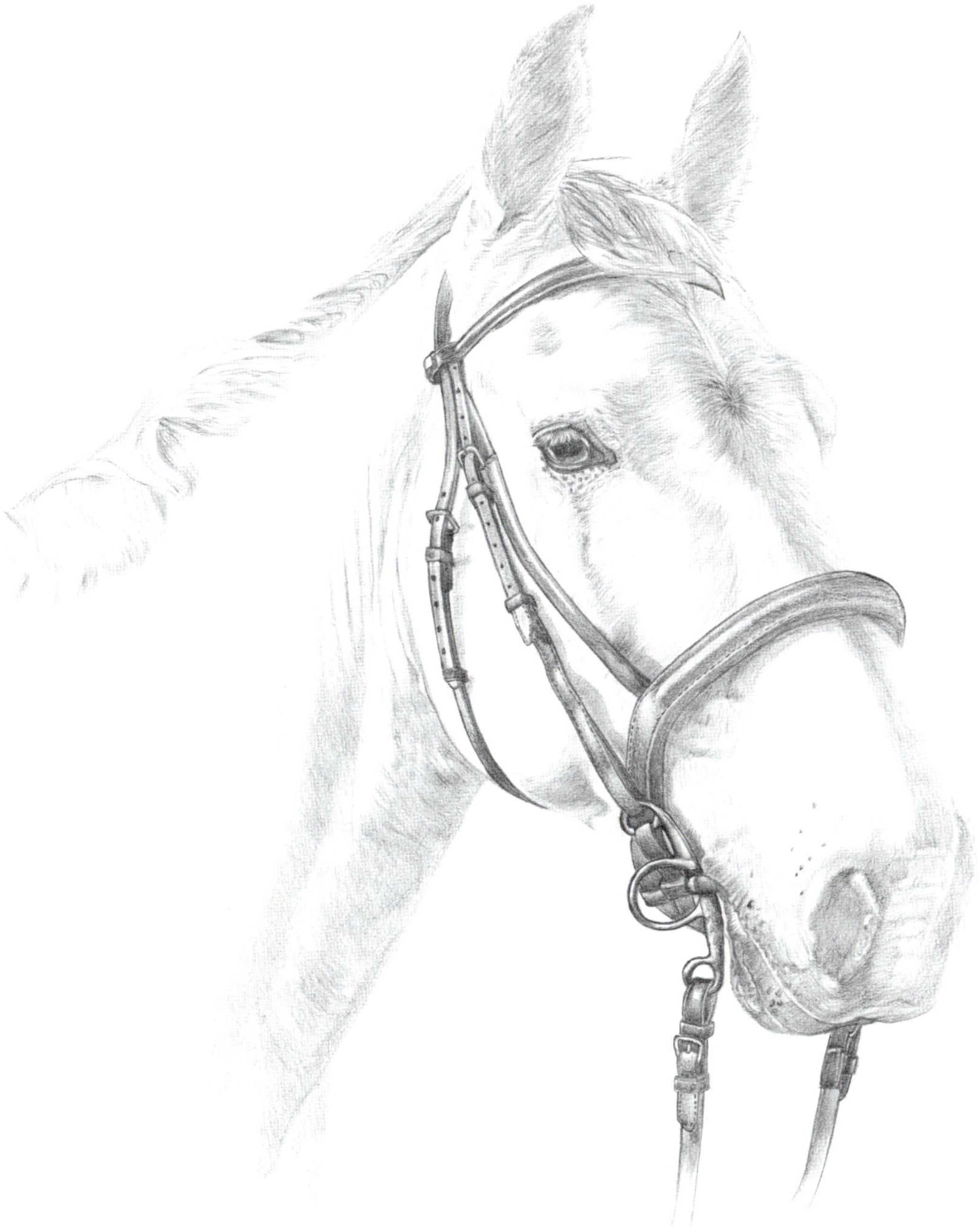

4 Bridas y hebillas. Repasa el contorno de la brida de nuevo, esta vez con un lapicero B con buena punta, incluidas todas las hebillas, así será más fácil que no te salgas al rellenar el cuero de la brida con el lápiz B. Utiliza el 2H de nuevo para rellenar las hebillas y las argollas de la boca.

Cara. Continúa sombreando la cara del caballo con el lápiz B; oscurece el lado izquierdo de la cara (el derecho en el dibujo), donde las sombras son más visibles. Añade más trazos con el B en la forma de «estrella», en el centro de la frente, y profundiza en las sombras que proyecta la brida. Añádele más profundidad al hocico con el lápiz, con suavidad; crea capas y capas poco a poco. Oscurece el interior del orificio nasal y consulta la fotografía de referencia para corregir la forma de los labios. Crea más zonas oscuras en la crin, en el flequillo y en las orejas.

https://youtu.be/
cBAqQiW5BkY

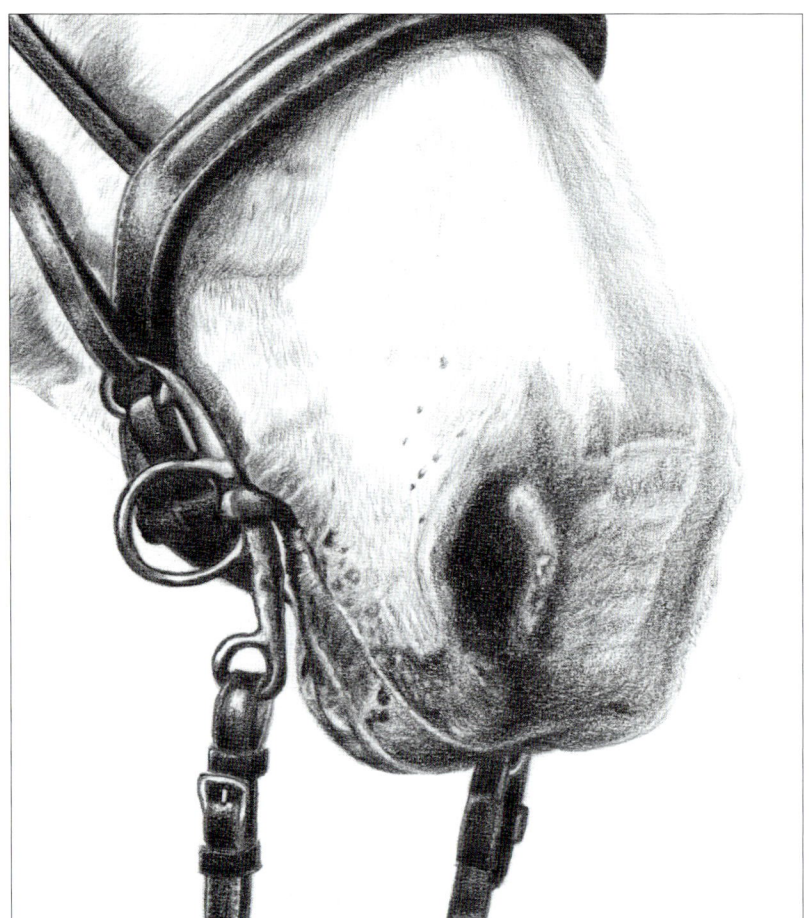

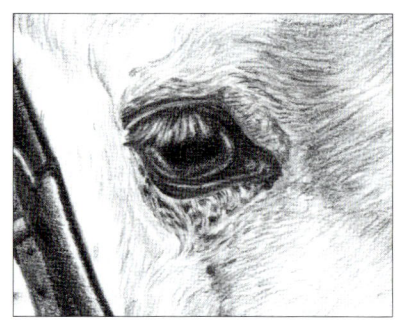

5 **Detalles.** Rellena la brida. Trabaja poco a poco para producir un acabado suave que simule el cuero; presiona con suavidad y crea distintas capas hasta que se oscurezca. Toma el lápiz B, que ya tendrá la punta un tanto redondeada por el uso, y pásalo por todas las sombras una vez más; oscurécelas recorriendo el largo de la cara en el centro, para ver con claridad la división entre la luz y la sombra. Añade unos puntos moteados en el lado oculto del cuello y oscurece también las sombras de las arrugas. Apórtale más tono a la pupila y el iris.

Dee

30 x 42 cm (11 ¾ x 16 ½")

Lápiz de grafito sobre cartulina blanca suave

Para acabar el retrato, sácale punta a un lápiz 3B y repasa todo el caballo, oscureciendo el ojo, la frente, el hocico, la brida, todas las sombras, la crin y las orejas. Cuando creas que no puedes oscurecerlo más con el 3B, utiliza un 4B con mucha punta. Sé selectivo con el lápiz, ya que es muy suave y granulado; utilízalo solo en las áreas más oscuras. Por ejemplo, en las zonas de los orificios nasales, las partes más oscuras de la brida, el interior de las orejas, la parte oculta del cuello y un poco en los labios. Elimina una o dos capas de lápiz con la goma de borrar si crees que te has excedido en algún lugar; aporta luz y reflejos también con la goma. Si es necesario, ilumina un poco también la zona del ojo. Comprueba que no se haya corrido el lápiz en el fondo. ¡Ahora ya no te queda más que felicitarte por el buen trabajo que has hecho!

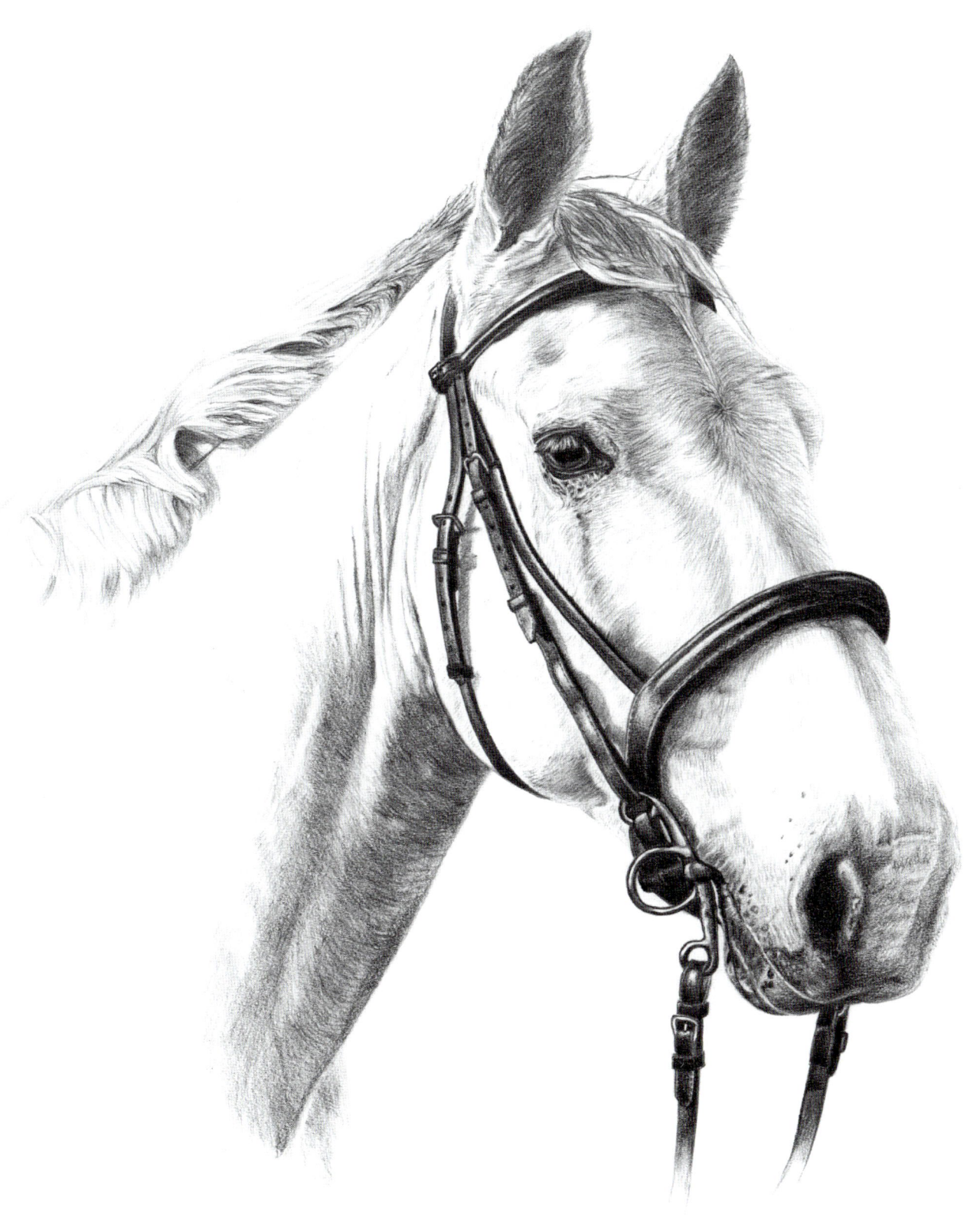

Un potrillo: *Jackpot*

Este potrillo de mayor será un caballo percherón blanco y negro. Lo vi en un campo por el que paso cada día y me propuse buscar a su dueño para que me diese permiso para hacerle unas fotografías. Tuve la suerte de que un día que pasaba por allí el dueño le estaba dando de comer y aceptó de buen grado a que le hiciese fotos, siempre y cuando le diese una copia de una de las fotografías.

Cuanto más estudiaba al potrillo más maravillada me quedaba por la sabiduría de la madre naturaleza. Había creado un potro perfecto. Su tono muscular estaba bien equilibrado y enseguida supe que formaría parte de mi libro. Se llama Jackpot.

MATERIAL

Cartulina blanca lisa de 30 x 42 cm (11 ¾ x 16 ½")

Lápices de grafito 2H, 3B y 5B

Sacapuntas

Goma de borrar

Papel para apoyar la mano

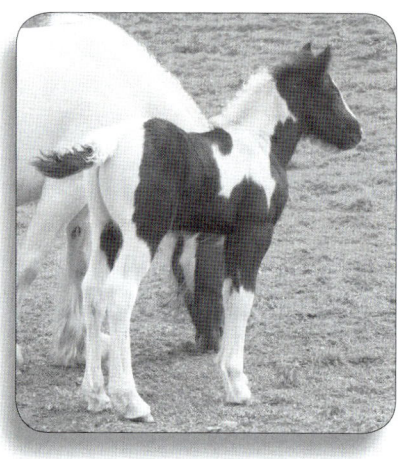

Contorno. Usa el método que prefieras, el de la cuadrícula, a mano alzada o el calcado para trazar tu dibujo en el centro de una cartulina blanca lisa de 30 x 42 cm (11 ¾ x 16 ½") con un lápiz 2H. El dibujo debería tener aproximadamente 21 x 30 cm (8 ¼ x 11 ¾") de tamaño. No aprietes mucho el lápiz al dibujar el contorno, puesto que así te será mucho más fácil borrar los fallos y rectificar. Tampoco debes olvidarte de poner un trozo de papel debajo de la mano para no manchar la zona blanca.

2 Primera capa. Con un lápiz afilado 2H trabaja hacia abajo; empieza por las orejas del potrillo. Has de ir aportando tono en la dirección del pelaje, recuerda que has de observar siempre la fotografía de referencia. Cubre de forma gradual las orejas con una capa suave de pelos cortos. Al añadir la primera capa de lápiz 2H al contorno, usa la goma moldeable para eliminar el contorno que creaste antes, a medida que avanzas hacia abajo, y antes de darle más tono, de modo que quede casi imperceptible. Continúa trabajando hacia la cara; ten en cuenta cualquier cambio de dirección. Es vital que la dirección del pelo sea la correcta, incluso en fases tempranas del dibujo como ésta, ya que te servirá de guía para las capas posteriores. Trabaja el cuerpo del potrillo, y céntrate en las zonas oscuras del pelo.

https://youtu.be/
eDrRFbcIlVk

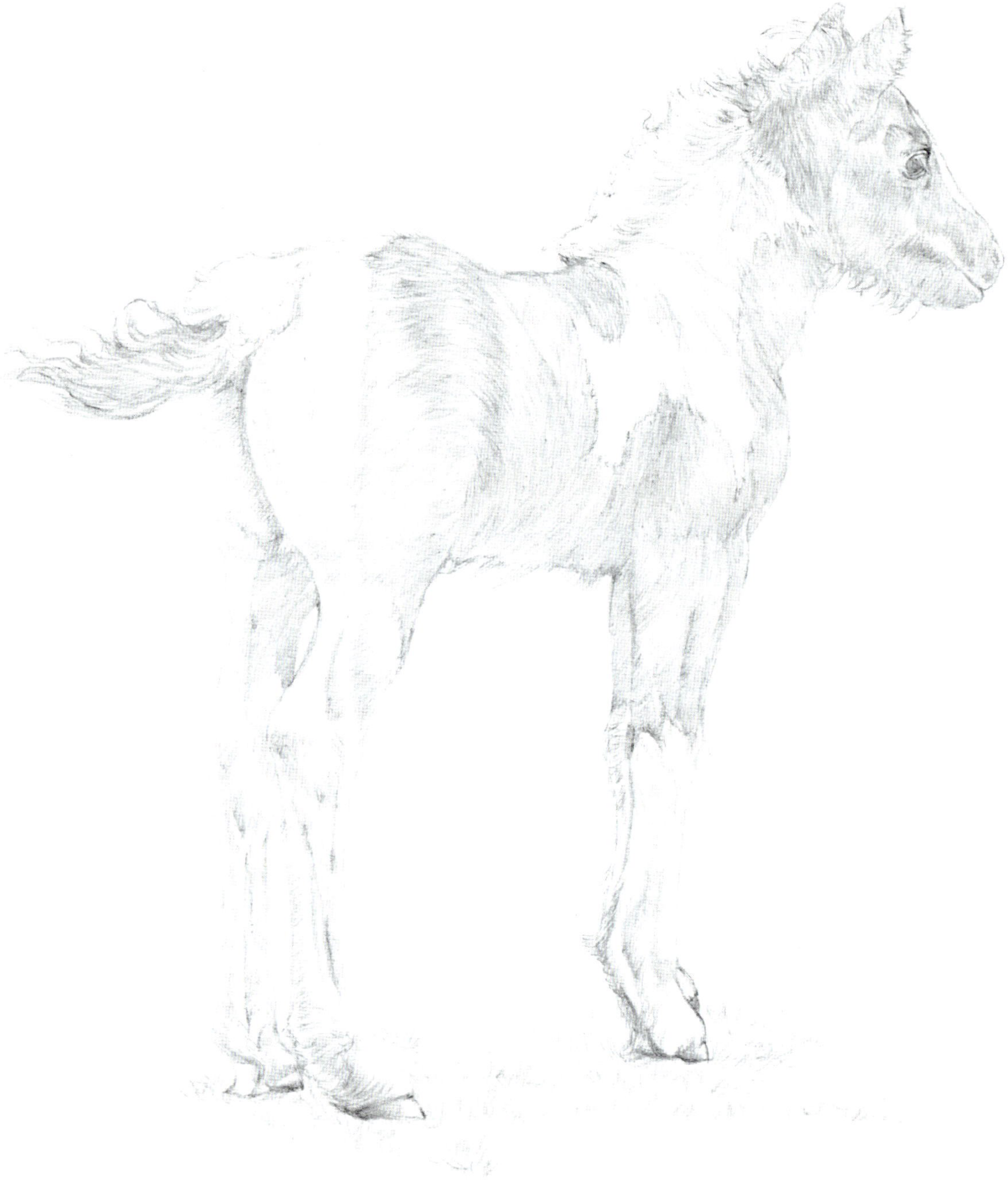

3 **Aportar profundidad.** Añade otra capa de 2H por todo el cuerpo en las zonas oscuras, con la técnica descrita en el paso 2, pero con un poco más de presión. Acentúa la estructura ósea de la cara, y dibuja bien el ojo, con cuidado de dejar algunas pestañas superiores sin tocar para aportar más tono después. Empieza a oscurecer al potrillo un poco más en las zonas de sombra, siempre con una presión uniforme: no caigas en la tentación de apretar más para oscurecer las zonas, pues el resultado no quedará bien. La profundidad se consigue solo al aplicar capas y capas, de forma lenta y metódica. A continuación, usa el lápiz 2H para añadir sombras a las zonas blancas del pelo, con cuidado de no apretar mucho. Trabaja también las patas y oscurece los cascos. Añade un poco de hierba debajo del potro para que no siga flotando en el aire.

https://youtu.be/
YhNoXbRoOyQ

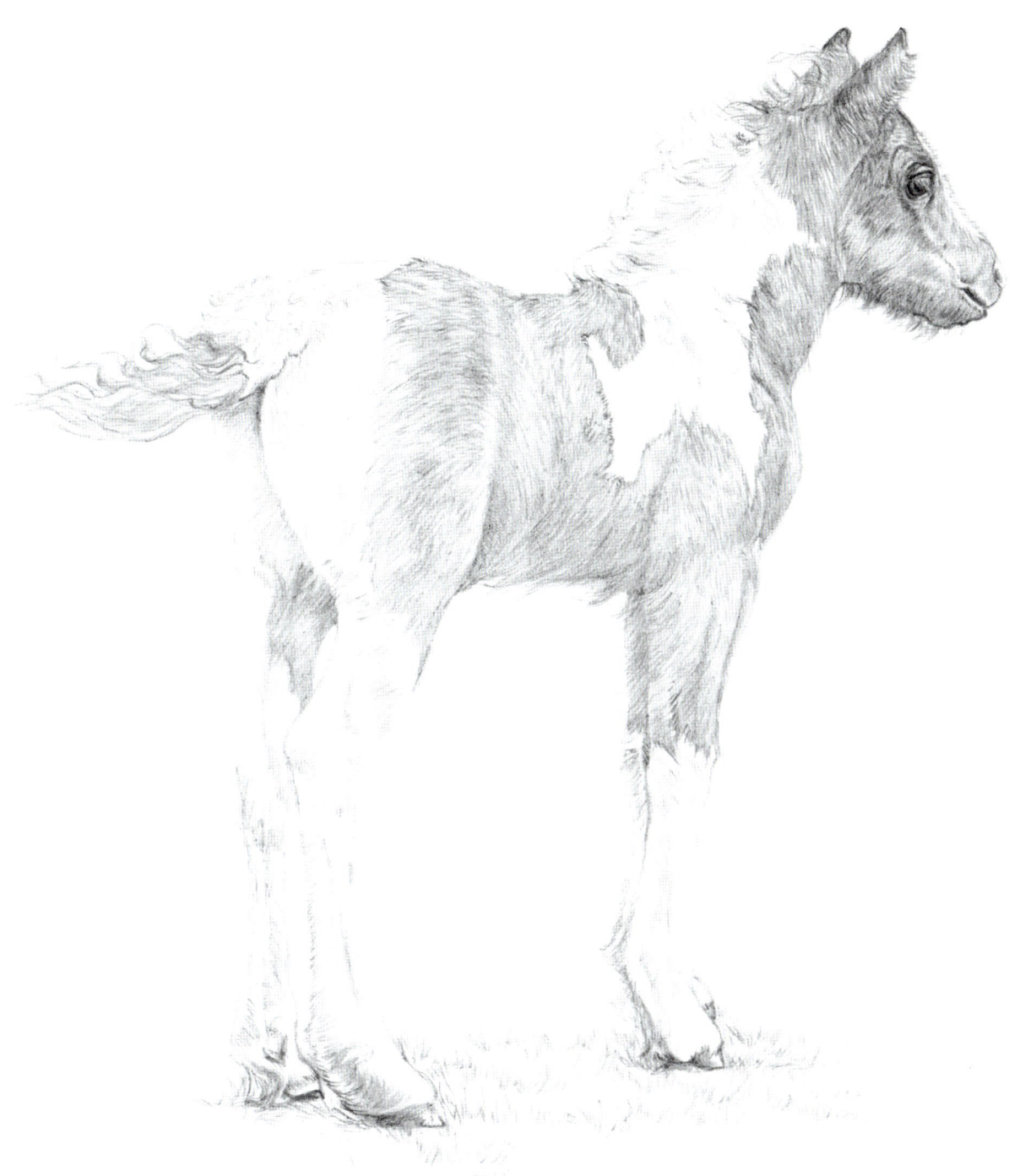

4 Desarrollo. Usa un lápiz B con muy buena punta y empieza a añadirle profundidad en las orejas, en las zonas más oscuras del pelaje. Dedícale tiempo a la expresión facial, ya que tiene que manifestar la inocencia de su joven vida. Traza las sombras y los huecos creados por la estructura ósea y el tono muscular debajo de la piel. Oscurece el ojo y la boca pero sin presionar en exceso. Trabaja desde el cuello, y mantén siempre la dirección del pelo. Dale forma a los músculos en el hombro y en los muslos, y sigue trabajando las patas hasta llegar a los cascos. Ahora la punta del lápiz estará más redondeada y podrás incorporar más sombras dentro de las zonas blancas, desde la crin hacia abajo. Repasa con el lápiz B un poco la cola y también la parte de la hierba.

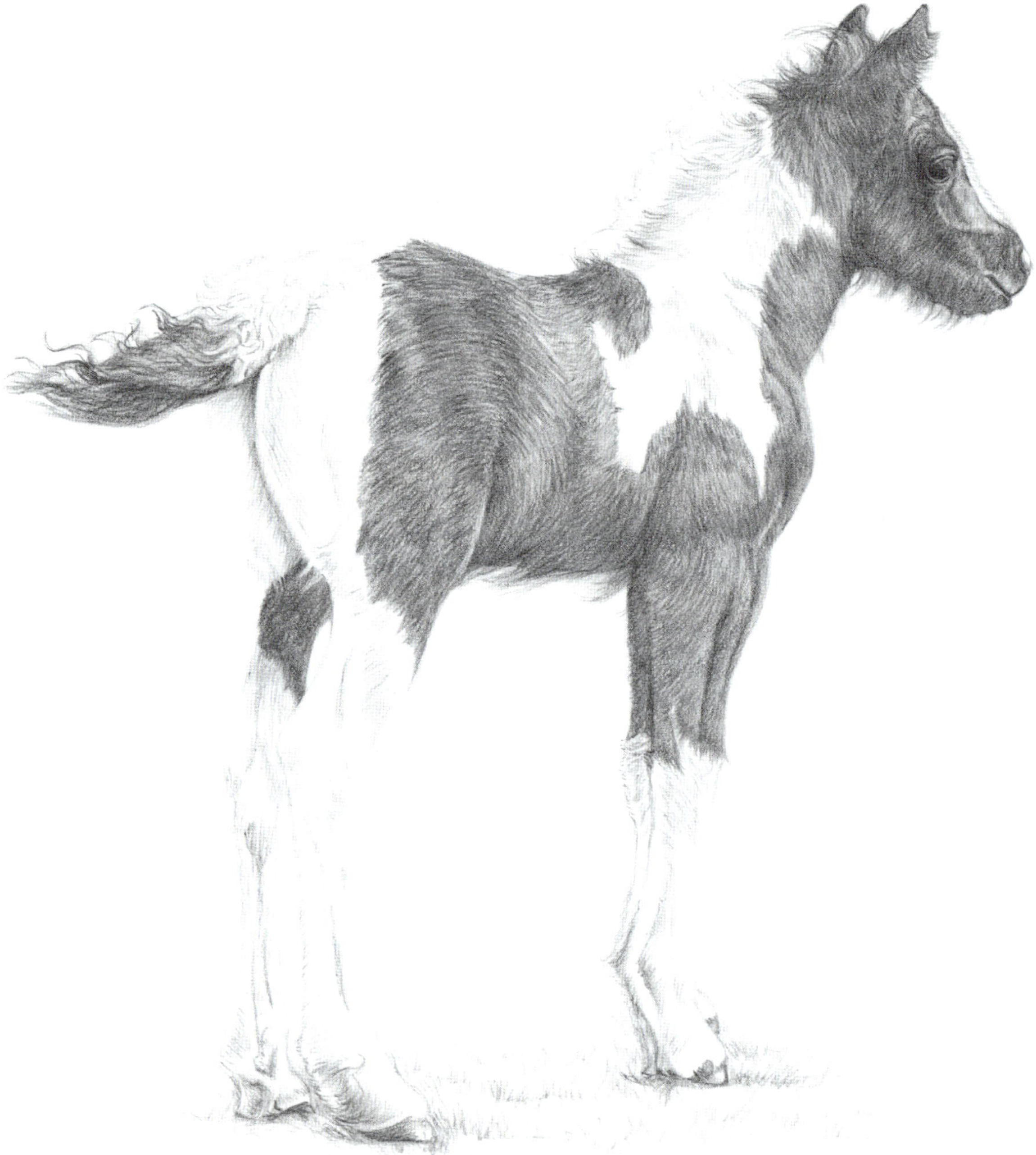

5 **Oscurecer.** Sácale punta al lápiz 3B y repasa las marcas oscuras del potrillo desde la cabeza hasta los cascos. Mantén una presión suave, pues emplearlo con firmeza en esta fase no hará más que conseguir unas líneas demasiado oscuras que después no conseguirás borrar. Necesitas un par de capas para oscurecer el potrillo de manera satisfactoria. Ten cuidado de no anular los detalles que ya has creado en la cara; el lápiz 3B es muy suave y granulado. Oscurece las sombras en las marcas blancas por todo el cuerpo y, por último, repasa un poco la hierba.

https://youtu.be/
hLNCgvKOyEU

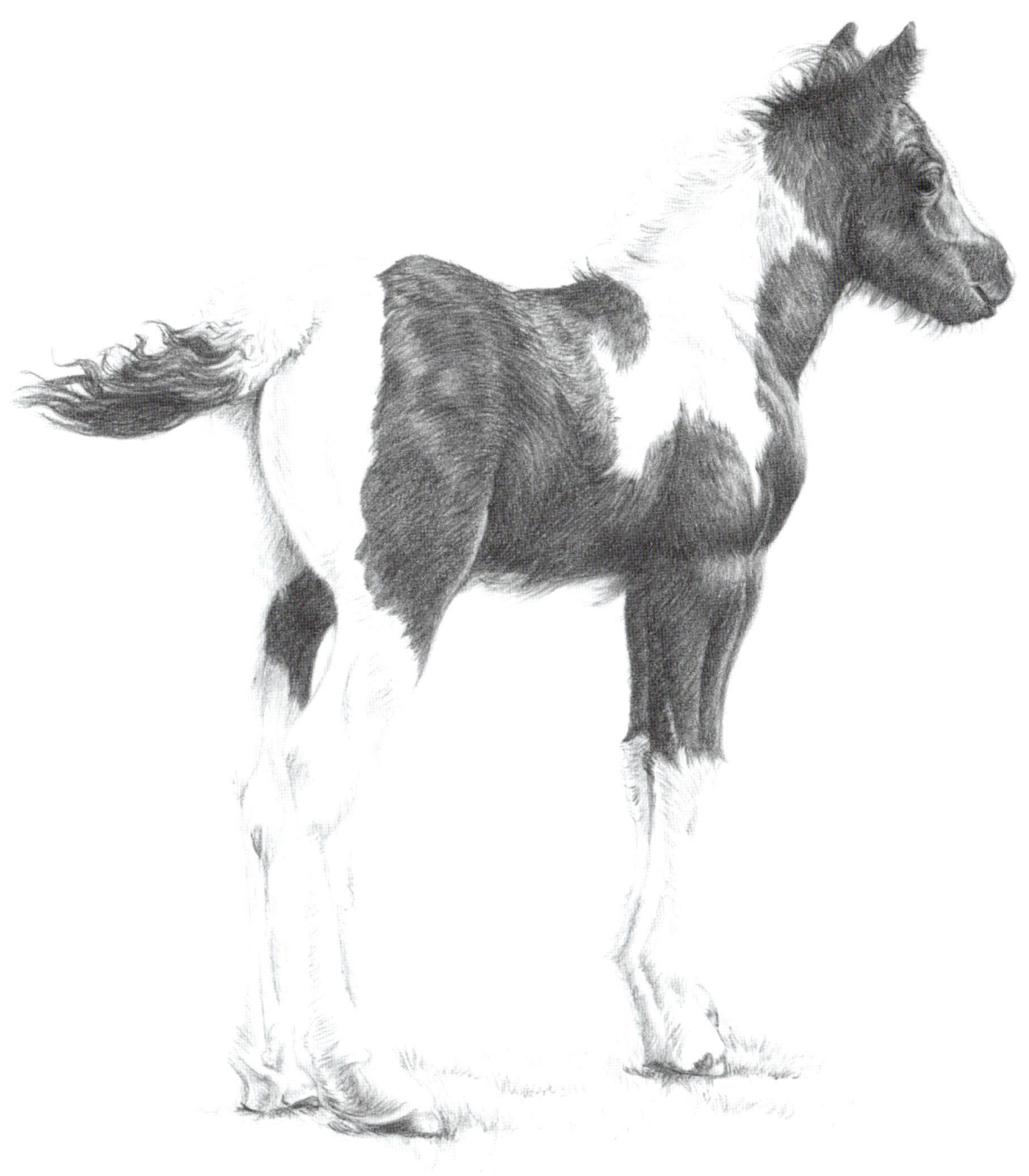

El potrillo Jackpot

21 x 30 cm (8 ¼ x 11 ¾")

Lápiz de grafito sobre cartulina blanca lisa

Para acabar el retrato, usa un lápiz 5B para oscurecer las sombras y resaltar los músculos y la estructura corporal. Observa bien la fotografía de referencia desde cierta distancia para determinar qué zonas requieren un trabajo adicional. Usa el 5B para acentuar la sombra tras la oreja más cercana y el lateral de la cara y el cuello, pero de manera gradual, sin presionar en exceso. Repasa el trazo bajando por el hombro y el pecho; sombrea solo las curvas de los músculos. A continuación, oscurece las zonas negras de la parte interior de las patas frontales y el estómago. Asimismo oscurece la sombra y la forma del muslo y la cadera, así como el pelo negro dentro de la oreja izquierda, que queda más lejana. Sombrea un poco entre las zonas blancas de las patas y apórtale un poco de 5B a los cascos. Ya no queda más que darle un poco más de profundidad a las partes oscuras de la cola y ¡nuestro potrillo estará completamente retratado!

El conejo

Es posible que incluso alguien a quien no le gusten los conejos sepa cuál es esta raza. Se trata de un conejo Belier. Hay diferentes variedades. El inglés y el francés tienen un tamaño mayor que el holandés, que es de una variedad enana. El mini pesa unos 2,25 kg, la mitad que el francés y el inglés.

A mí me encantan los conejos Belier. Quizá sea por sus adorables orejas caídas. Se trata de una raza muy sociable y afectiva, que establece lazos muy estrechos con sus dueños. También se mezclan bien con otras mascotas que pueda haber en el hogar (incluidos los perros), pero siempre deben estar supervisados.

MATERIAL

Cartulina lisa blanca de 30 x 42 cm (11 ¾ x 16 ½")

Lápices de grafito 2H, 4H, 2B, 3B, 5B y 6B

Sacapuntas

Aguja de bordar

Papel para apoyar la mano

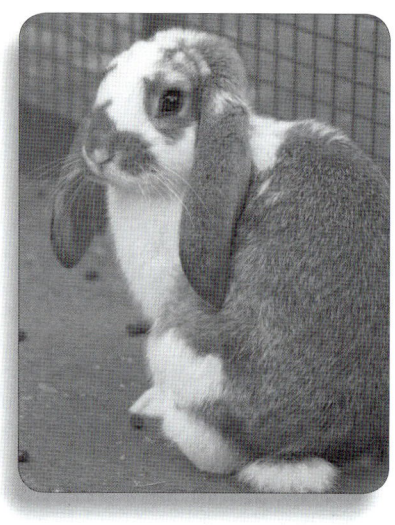

❘ Contorno. Dibuja el contorno con el método que hayas elegido, ya sea el de la cuadrícula, el de mano alzada o el de calcado. Yo he realizado el dibujo en el centro de una cartulina lisa blanca de 30 x 42 cm (11 ¾ x 16 ½") de tamaño con un lápiz 2H. El dibujo tiene en torno a 21 x 30 cm (8 ½ x 11 ¾"). No aprietes mucho el lápiz, ya que así podrás rectificar cualquier fallo. Ten un trozo de papel listo para colocarlo debajo de la mano al trabajar, así evitarás que se manche el dibujo. Aunque a la fotografía de referencia le falta una parte de la parte trasera del conejito, sencillamente he seguido la línea superior del lomo y la he llevado hacia abajo hasta llegar a la cola.

Marcar. Antes de empezar a trazar las sombras, decide si quieres marcar en la cartulina algún pelo o bigote. Los sitios clave son los bigotes blancos de las mejillas, la boca y la barbilla. Hazlo despacio y con precisión, ya que esas marcas no las podrás eliminar después. Asegúrate de que la herramienta de marcaje sea lo bastante fina para que el grosor de los bigotes sea el apropiado. Para ello puedes practicar en un trocito de cartulina que no precises. Pásale por encima un lápiz 5B perpendicular para que sea vean las marcas que has realizado.

2 **Destacar los reflejos.** Cuando ya hayas trazado el contorno y hayas colocado las marcas de los bigotes selecciona un lápiz 4B con buena punta, y añádele los reflejos al pelaje dentro de las marcas oscuras de la cara, las orejas y el lomo. Empieza por la parte superior del conejo y desciende poco a poco. Después, con un lápiz 2H incorpora unas sombras claras en la zona blanca del pelo de debajo de la barbilla, el pecho, las patas y la cola.

Truco

*C*uando llegues a los bigotes de la cara, pasa un lápiz 4B en perpendicular, con cuidado de que la punta no caiga en la marca hundida en el papel, ya que entonces no conseguirías el efecto deseado.

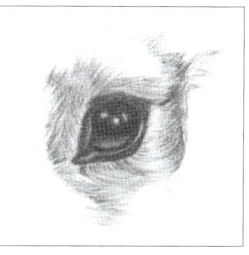

https://youtu.be/
J87mKEClONg

3 **El ojo.** Éste establecerá el tono más oscuro de todo el retrato (véase el recuadro ampliado). Usa el lápiz 2H para sombrear el iris; dibuja poco a poco alrededor de los reflejos en la parte superior del ojo. En realidad no se ve bien la pupila, pues el ojo es demasiado oscuro, pero aun así tiene que parecer más negro en el centro, con una sección más clara en la parte inferior, por donde la luz penetra. Tras un par de capas suaves de 2H, incluido el sombreado del párpado exterior, sácale punta a un lápiz 3B y oscurece las mismas áreas un poco más. Trabaja un poco más en torno a los reflejos del iris. Una vez más, tras un par de capas, pasa al lápiz 6B para oscurecerlo un poco más. Elimina un poco del grafito para darle mayor énfasis a la luz en la parte inferior del iris si lo ves necesario. Dale forma a los reflejos y usa el lápiz 6B para ennegrecer el borde externo del ojo, así como el lagrimal.

El pelaje. Ahora utiliza un lápiz 3B con bastante punta para empezar a agregar los pelos oscuros alrededor de todo el ojo. Con el lápiz 2H oscurece algunos pelos dentro de las zonas blancas y, a continuación, también las manchas oscuras de pelaje; utiliza un lápiz 5B en este último caso. Elige un lapicero 3B y oscurece todo el pelaje del conejo; empieza otra vez por la cabeza y avanza hacia abajo. Continúa trabajando en el conejito y asegúrate de que la dirección del pelaje es la correcta; estudia la fotografía de referencia para no equivocarte. Emplea el borde plano de la punta del lapicero 3B e incorpora alguna sombra más dentro del pelaje blanco de la cabeza, el lomo y el pecho, sin olvidar las patas y la cola. Vuelve a repasar el conejo una vez más desde la cabeza hasta las pezuñas con el lápiz 3B, pero esta vez con más punta y ejerciendo un poco más de presión. Cuando notes que ya no se oscurece más, detente porque significará que ya estás listo para cambiar al 5B.

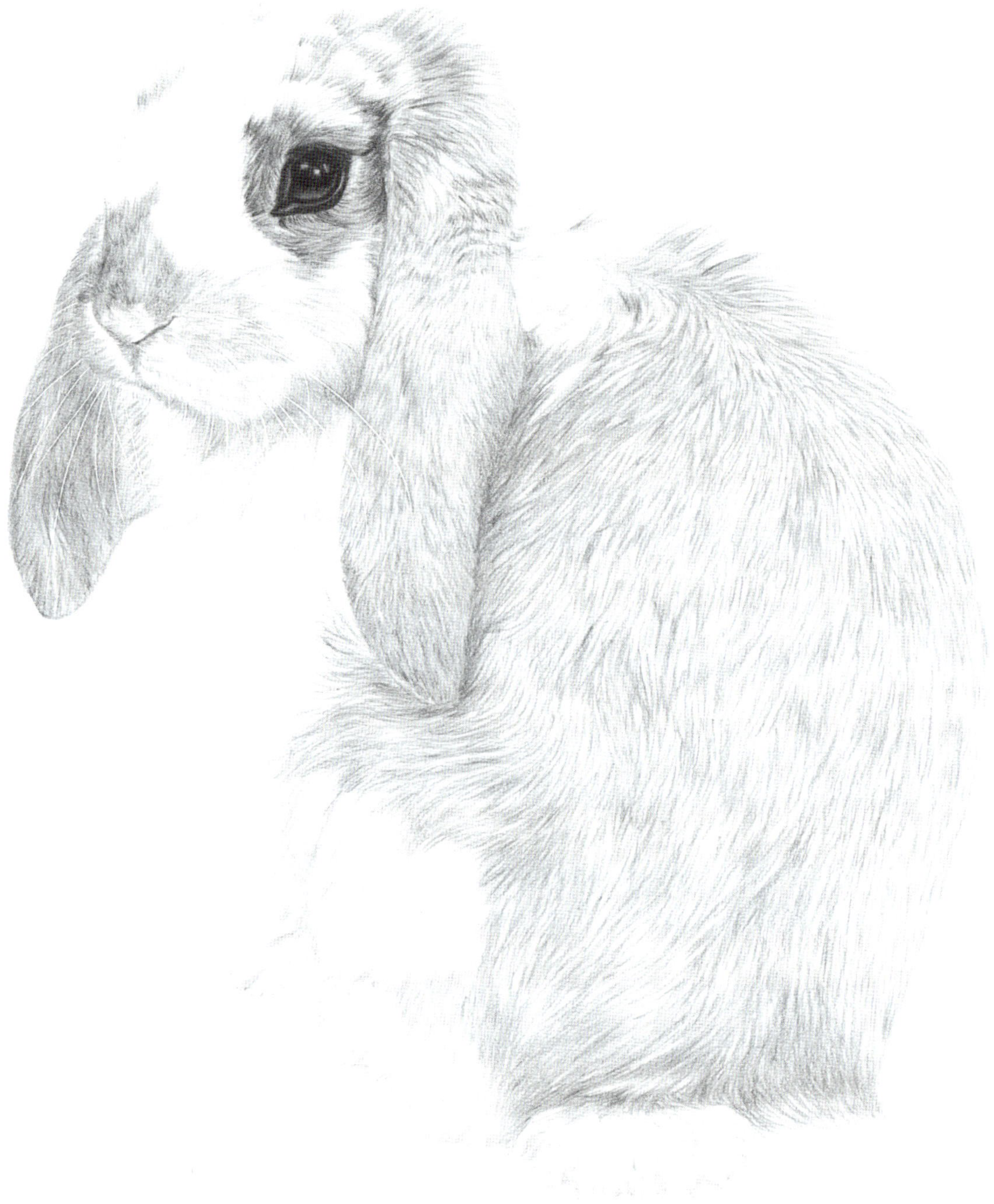

4 **Resaltar las sombras.** Sácale punta al lápiz 5B y empieza por la cabeza, como antes; avanza hacia abajo y refuerza un poco las zonas más negras del pelaje del conejo. Prosigue por la cara: enfatiza la trufa y las raíces de los bigotes en las mejillas. Resalta la zona de sombreado debajo de la oreja derecha del conejo; verás cómo los bigotes sobresalen cada vez más y más. Vuelve a repasar la otra oreja; mantén el lápiz siempre con buena punta. Avanza con firmeza por el lomo y dirígete hacia la cola. Quizá necesites repetir este paso de nuevo si el conejo no te ha quedado tan oscuro como el que muestro aquí, pero dependerá de la presión que hayas utilizado durante la primera pasada con el lápiz 5B.

https://youtu.be/
QaeUFcqRl4M

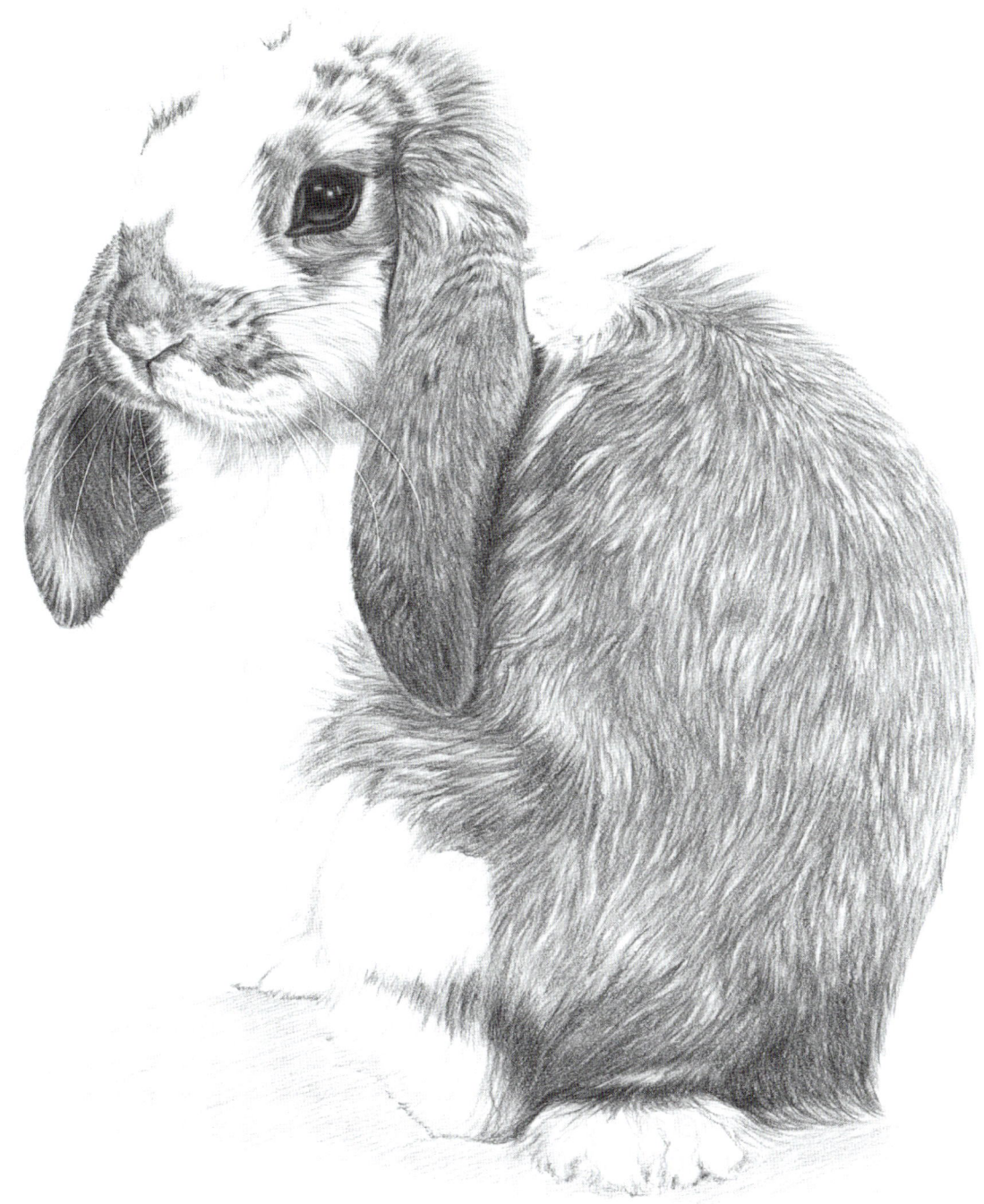

Esperando pacientemente

21 x 30 cm (8 ¼ x 11 ¾")

Lápiz de grafito sobre cartulina blanca lisa

En la fase final, profundiza en las sombras del pelaje blanco con un lápiz 2B sin olvidar las patitas y la cola, como habías hecho antes. Usa el lápiz 2H para añadirle la punta a los bigotes que habíamos añadido en las mejillas. Deja que se fundan con suavidad en el fondo. Para los bigotes más oscuros usa un lápiz 3B con mucha punta.

Para proyectar la sombra debajo del conejo, empieza por una capa suave del lapicero 4B, seguida por una del 2H; por último oscurécela con el 3B. ¡Ya tendrás acabado tu conejito!

La pogona

Los lagartos pogona son nativos de Australia, donde viven en zonas rocosas. Tienen grandes dotes para la escalada, y un cuerpo relativamente plano, con una cabeza casi triangular y multitud de escamas y puntos en relieve a lo largo de la cabeza y el tronco.

   Cuando se los molesta pueden hinchar una capa de piel debajo de la barbilla a modo de advertencia; también pueden oscurecer el color de esa zona hasta adoptar un tono casi negro. Sin embargo, por lo general son bastante pacíficos, de modo que es fácil acercarse a ellos. Gracias a su personalidad dócil son mascotas muy populares, puesto que los niños pueden tocarlos y cogerlos con facilidad. En cautividad pueden crecer hasta los 61 cm (24") de largo si se los trata de manera adecuada. Su índice de crecimiento es muy rápido: aproximadamente 1 cm (½") al mes.

MATERIAL

Cartulina blanca lisa de
   30 x 42 cm (11 ¾ x 16 ½")
Lápices de grafito 2H, 3B y 5B
Goma de borrar moldeable
Sacapuntas
Papel para apoyar la mano

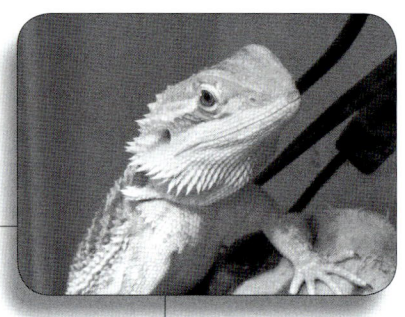

/ Contorno. Dibuja el lagarto con un lápiz 2H con el método que prefieras, ya sea el de la cuadrícula, el del calcado o a mano alzada. Este dibujo tiene unos 30 x 21 cm (11 ¾ x 8 ½"), y lo he dibujado en el centro de una cartulina blanca lisa de 30 x 42 cm (11 ¾ x 16 ½"). No olvides poner un trozo de papel debajo de la mano para evitar que el dibujo se manche. Con un lápiz 2H completa el contorno y traza los detalles. A diferencia de otros temas de este libro, dibujar el contorno de una pogona requerirá grandes dosis de tiempo y paciencia, ya que tendrás que realizarlo por completo en esta fase, con todas sus escamas y rugosidades. Dedica tiempo a estudiar en profundidad la fotografía de referencia antes de ponerte manos a la obra. Te ayudará a entender por completo las formas que conforman su piel y cómo recrearlas. Éstas cambian y a veces son puntiagudas; otras veces presentan formas cónicas o de rombo. Una vez hayas completado el contorno básico necesitarás copiar las distintas geometrías y darle forma al cuerpo al mismo tiempo.

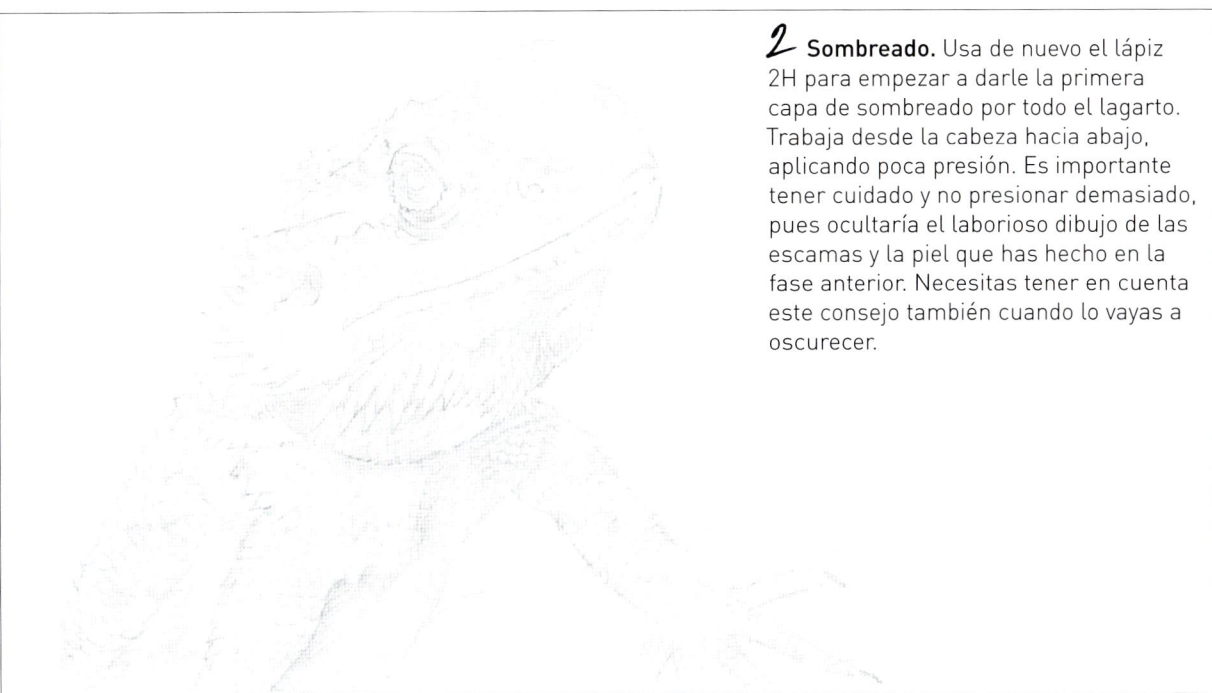

2 **Sombreado.** Usa de nuevo el lápiz 2H para empezar a darle la primera capa de sombreado por todo el lagarto. Trabaja desde la cabeza hacia abajo, aplicando poca presión. Es importante tener cuidado y no presionar demasiado, pues ocultaría el laborioso dibujo de las escamas y la piel que has hecho en la fase anterior. Necesitas tener en cuenta este consejo también cuando lo vayas a oscurecer.

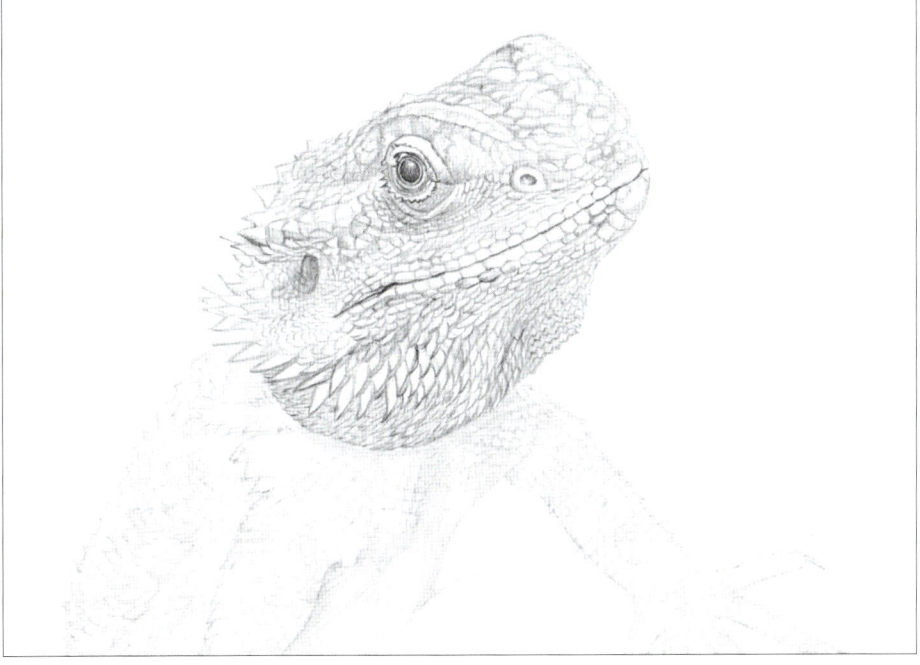

https://youtu.be/
Cm5_KNUnxWc

3 **Cabeza.** El lápiz 3B te permitirá aportar más grafito a la cabeza. Al avanzar repasa también el contorno de las escamas. En esta fase hay que permanecer tranquilo y atento, ya que es fácil confundirse o perderse. Oscurece la línea de la boca mientras el lápiz todavía tenga mucha punta, ya que esta área te ayudará a centrarte si te pierdes. Cuando llegues a la roca sobre la que se apoya, necesitarás más indicaciones para reproducirla; déjala de momento, pues la completarás más tarde.

4 **Escamas.** Cuando ya lo hayas repasado por completo con una capa de 3B, puedes proseguir con el mismo lápiz para resaltar algunas de las escamas más oscuras del lomo. Asegúrate de que el lápiz tiene buena punta. Emplea el lápiz también para las formas cónicas que sobresalen en los laterales, y aplica un poco de sombra por debajo, a la vez que refuerzas el contorno, haciéndolo más oscuro en la parte superior de la cabeza, entre los ojos. Tiene aspecto de reptil pero la textura es similar a la de unas piedras de playa suaves y lisas.

Piedra. Para completarla busca alguna referencia. Copia una piedra que te encuentres por la calle o busca una fotografía que te sirva para trasladar la textura. A continuación, con un 2H confiere la textura adecuada a la piedra sobre la que se apoya. De momento, no ejerzas mucha presión. En esta fase, tu dibujo debería parecerse al de abajo.

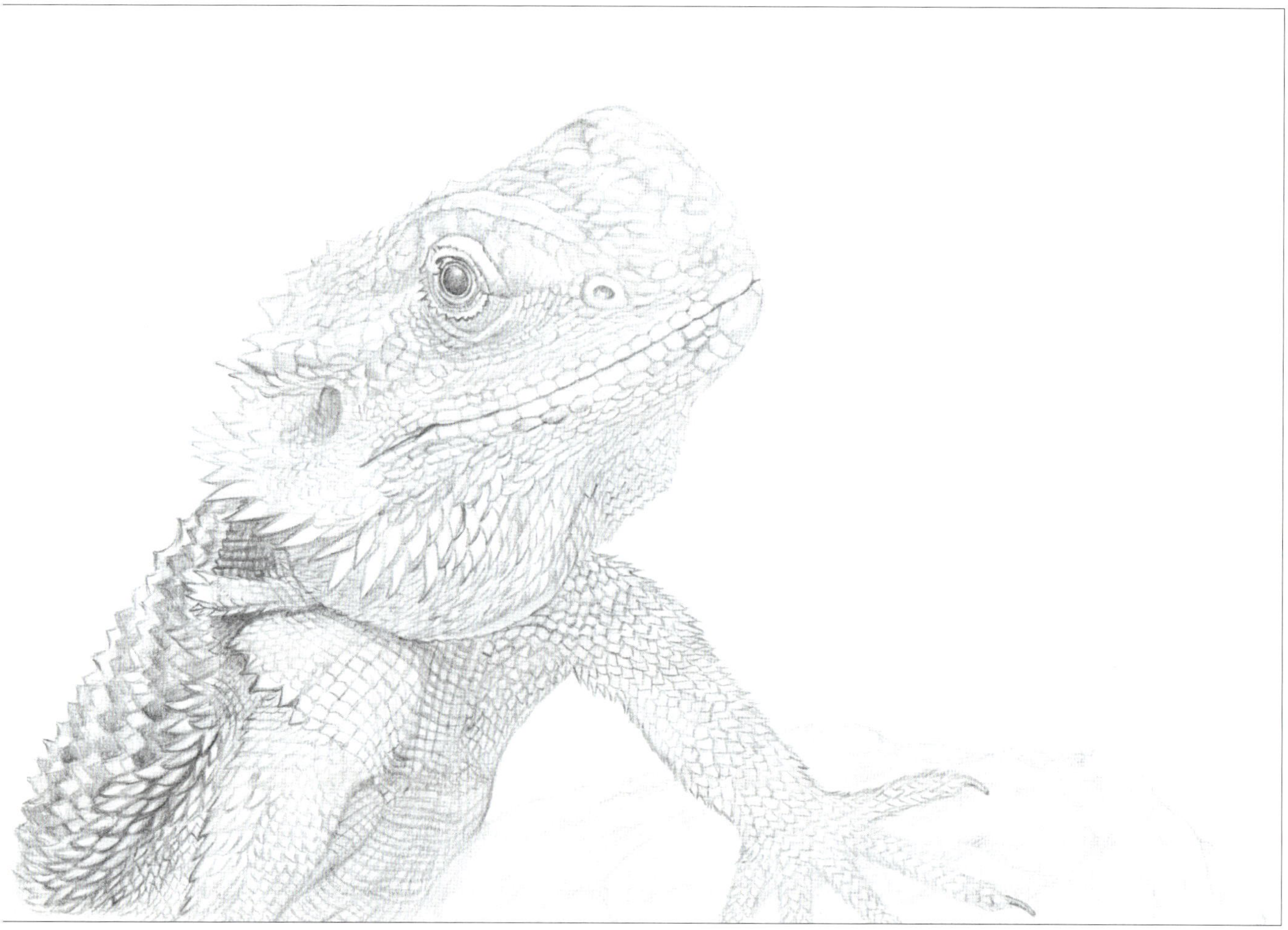

https://youtu.be/
FozlIMtGFkM

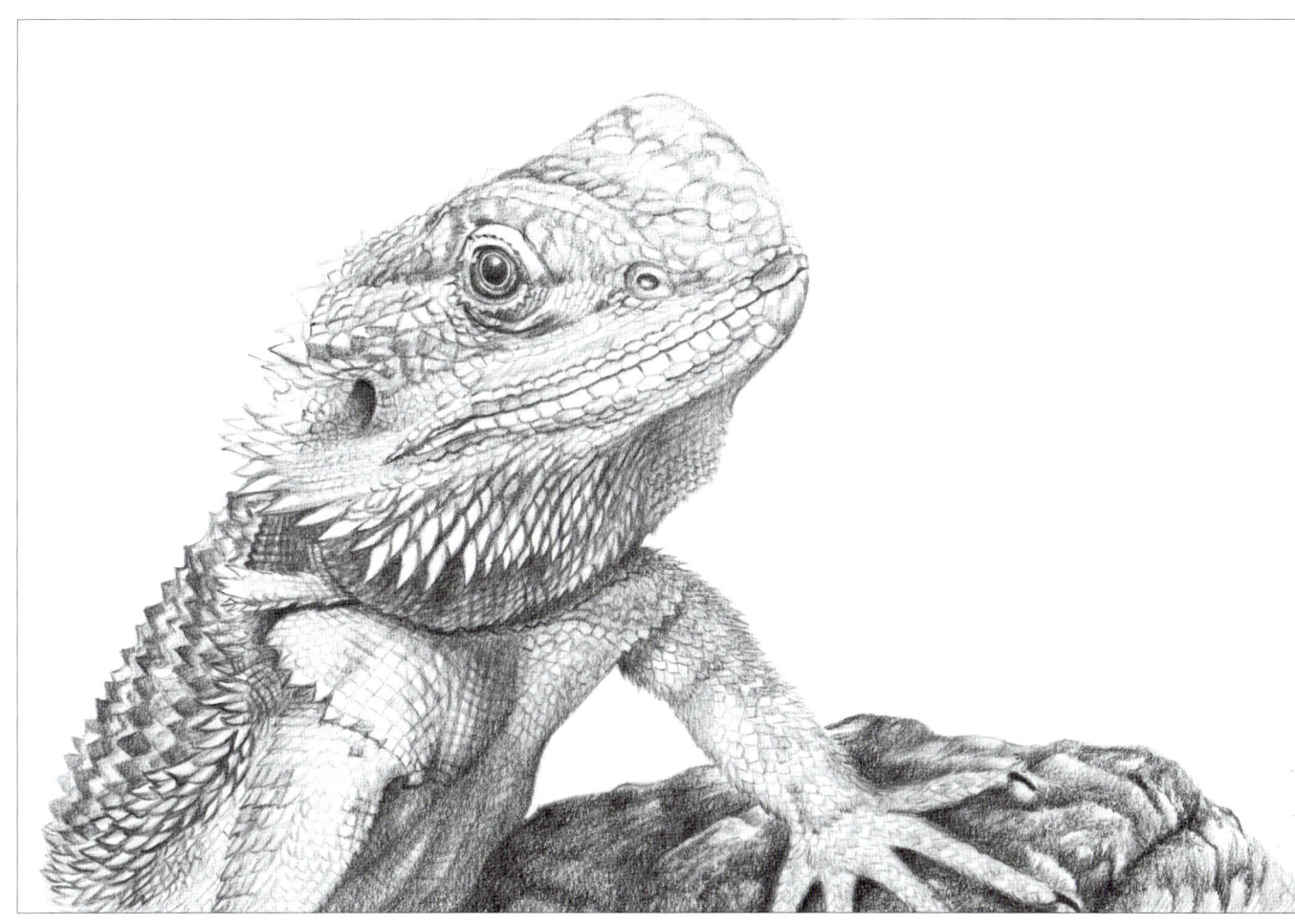

La pogona de Brian

30 x 21 cm (11 ¾ x 8 ½")

Lápiz de grafito sobre cartulina blanca lisa

En la fase final, usa un lápiz 3B con buena punta para añadir algunas sombras en todas las zonas requeridas: debajo del pecho, de la barba y la barbilla; debajo de las patas y de cualquier otra zona oscura, incluidos los orificios nasales y el oído (el agujero que tiene en el lateral de la cabeza). Oscurece el ojo y la zona colindante. Al igual que hemos hecho antes, intenta no borrar con el sombreado todo el minucioso dibujo de las escamas que has hecho en la primera fase. Puedes emplear la goma moldeable para suavizar algún área en la que te hayas excedido con el sombreado. Prosigue con el lápiz 3B y ennegrece la piedra; crea la zona más oscura donde se proyecta la sombra del lagarto sobre la piedra.

Por último, sácale punta a un lápiz 5B y úsalo para aportar aún más profundidad a todo el lagarto y la piedra, hasta que tengan un aspecto similar al dibujo de arriba. ¡Felicidades por haber tenido la paciencia necesaria para llegar hasta el final de esta laboriosa tarea!

Índice alfabético